T0161629

POURQUOI LE FOOTBALL ?

STÉPHANE FLOCCARI

POURQUOI LE FOOTBALL ?

PARIS

LES BELLES LETTRES

2020

Du même auteur

Aux éditions des Belles Lettres,
dans la collection « Encre marine »

Nietzsche et le Nouvel An, 2017
Survivre à Noël, 2018

Pour la présente édition
© 2020, Société d'édition Les Belles Lettres
95, bd Raspail, 75006 Paris
www.lesbelleslettres.com

ISBN : 978-2-251-45099-5

Pour Pablo,
ce contre favorable à la vie,
pleine lucarne sur les valeurs,
comme un une-deux entre nous

En hommage à Sahar Khodayari,
la « fille bleue » privée de rectangle vert

« Les philosophes, loin de reconduire les joueurs de football couronnés de fleurs jusqu'au seuil de leur République, leur en ouvrent toutes grandes leurs portes et sont heureux de les y accueillir. »

André Maurois

« Et ils ne demandent pas non plus ce qu'est le football, ne peuvent pas non plus apporter de réponse – et qui le pourrait ? »

Per Olov Enquist

Avant-propos

L'épaisseur du cuir

À l'heure des grandes compétitions, on assiste aux mêmes scènes. Sur les cinq continents, des femmes et des hommes de tous les âges et de toutes les conditions sociales descendent dans les rues. Ils ne viennent pas pour bavarder : on entend à peine son voisin. Ni pour consommer : la plupart des commerces ont baissé leur rideau. Ni pour se promener : on fait difficilement deux pas devant soi. Ils ne sont pas non plus là pour revendiquer quelque chose : les seuls slogans qu'on échange sont des chants de victoire. S'ils sont réunis, c'est pour prendre part à une fête qui ne figure dans aucun calendrier, mais qu'ils ne manqueraient pour rien au monde.

Pour peu que le sort sourie au drapeau ou au club de leur cœur, on les retrouve entassés, par milliers, au pied d'écrans géants déployés rien que pour leurs yeux. Grimés aux couleurs locales, un maillot vissé sur les omoplates, ils envahissent chaque jour un peu plus joyeusement et bruyamment les artères des cités. Par vagues successives, ils investissent les terrasses ensoleillées des bars et s'entassent dans les salles bondées des restaurants. Qu'ils soient des amateurs d'un jour ou des passionnés de toujours, ils supportent d'une seule voix leurs héros du moment. Ils s'empressent d'en graver la légende au fond de leur mémoire, en s'appropriant sans mesure leurs exploits. Jusqu'à l'explosion ultime, quand leur onze de prédilection inscrit un but décisif et que la coupe est brandie par deux bras autochtones. Rompant les amarres domestiques, ils aiment à prolonger l'ivresse collective du triomphe dans le songe urbain d'une nuit d'été. Selon une stratégie spontanée et chaque fois gagnante, ils déferlent dans les lieux symboliques des villes, afin d'immortaliser ces instants de bonheur fou que chacun voudrait éternels. En ces heures rares et précieuses, où tout se suspend, ils donnent à voir un autre visage d'eux-mêmes. Soudain, ils confèrent un sens inédit aux liens qui les unissent. Cessant de vivre côte à côte, quand ce n'est pas face à face, les voilà tous ensemble ! Enroulés dans les mêmes couleurs criardes et exaltantes de la victoire.

Mais savent-ils bien ce qu'ils disent, lorsqu'ils hurlent à l'unisson qu'« ils » ont gagné ou quand ils répètent en boucle le nom de joueurs et le souvenir de faits de jeu dont ils ignoraient, pour une partie d'entre eux, tout ou presque la veille encore ? La chose est d'autant moins claire que ce qui les électrise mystérieusement en masse, ces soirs-là, les laisse froids le reste du temps. Beaucoup ne sont là que parce que les autres y sont aussi. Mais cette grégarité n'a rien de dégradant, ni de désespéré. Elle rime avec fraternité.

À échéances régulières et sans commune mesure avec aucune autre activité, le football fournit aux êtres humains un prodigieux exutoire. Il a pénétré toutes les civilisations et conquis toutes les classes des sociétés. Il prend la forme d'un rite. Peut-être l'un des derniers. À sa manière singulière, autrement que le travail, l'art, la religion ou la politique, le football *fait* littéralement *monde*. En moins de deux siècles, il est devenu un fait culturel universel. Son plus haut représentant est reçu avec les égards d'un chef d'État. À la tête d'une sorte d'empire dans les empires, il dispose de budgets pharaoniques. Les dirigeants politiques et les décideurs économiques ont depuis longtemps compris qu'avec un chiffre d'affaires mondial de quelque trois cent cinquante milliards d'euros, il est tout simplement incontournable. Les plus grands joueurs sont adulés comme des divinités vivantes. Le football est partout. Il est au centre de tout. Quand ses astres s'alignent, il éclipse tout le reste.

À la fois spectacle, marché et produit mondialisés, le sport-roi brille pourtant de tous les feux du paradoxe. Il croule sous les éloges autant qu'il ploie sous les critiques. Mais il survit aux multiples procès d'intention et aucun anathème n'a raison de son succès. Rien n'entame durablement son aura, ni ne légitime une fois pour toutes son prestige. Ses admirateurs et ses contempteurs rejouent sans fin une prolongation, qui se conclut par un même match nul. Dans l'enceinte ouverte des stades, remplissant ou vidant les grands boulevards à sa guise, il fait tomber les barrières entre les individus et jette des ponts entre les peuples, sans cesser de nourrir la brutalité, la passion de discriminer et la bêtise ordinaires. Il séduit sans convaincre. Il agace sans jamais cesser de plaire. On ne se frotte à lui qu'en se piquant, mais avec une curiosité qui n'est jamais déçue, ni comblée et, surtout, jamais démentie.

Force est de reconnaître que le football permet d'assister à d'étranges communions entre les êtres humains. Pendant les quelques heures qu'il donne à passer (presque tous) ensemble, arrachant les individus au temps vulgaire des horloges et aux trotteuses infatigables du souci, il dame le pion aux éternels réfractaires et fédère les mordus de la première heure. Les uns et les autres ne rechignent pas à parader ponctuellement, bras dessus bras dessous, dans les contre-allées du loisir. Cette gageure a sa date phare. C'est la Coupe du monde, organisée tous les quatre ans, dans un ou plusieurs pays à la fois. Autrement que toute autre compétition sportive, elle nous rappelle, à chaque nouvelle édition, combien le football ne laisse personne indifférent.

Universellement, chroniquement, démesurément, le football nous ravit, dans tous les sens du terme. À cela, on ne doit pas chercher d'explication univoque, rationnelle ou magique. Car il n'y en a pas. Telle est l'idée posée au principe de ce livre, qui place sur un pied d'égalité ceux qui le pratiquent, ceux qui sont familiers de son histoire et ceux qui ne veulent en entendre parler que les soirs de fête. À tous, le football, dans son exposition permanente, offre les contours d'un mystère. Un de ces problèmes qui ne cessent jamais, en somme, d'être problématiques. Chacun le comprend comme il veut et surtout comme il peut. C'est pourquoi tous y vont de leurs commentaires, de préférence passionnés et partiaux, dès que le ballon rond s'invite dans les conversations.

Sait-on seulement ce qu'on aime quand on aime le football et qu'on prétend le connaître ? Tels l'amour et la mort, son coefficient d'incertitude est maximal. Comme un cadavre montre la mort sans la démontrer ou comme l'amour donne à voir l'autre en nous fermant les yeux sur ce qu'il est, le football a en propre de se concevoir à la fois clairement et obscurément. Sans qu'on puisse l'épuiser, ni le circonscrire tout à fait, il a ses avocats et ses procureurs, ses spécialistes et ses ignares, ses fans et ses détracteurs. Parfois, ils se confondent dans la même personne et, au tableau d'affichage de la doxa, ils sont souvent ex aequo. Tel un ballon offert à notre convoitise et qui se dérobe à notre raison, le football demeure l'obscur objet de notre désir. À quiconque veut s'en saisir ou prétend s'en détourner, il oppose l'épaisseur attirante et repoussante d'un cuir qui ne se traverse, ni ne se distend pas facilement. On ne peut ni le percer comme un secret, ni le lisser tout à fait comme on élimine les zones d'ombre d'une énigme. Il s'impose à ceux qui le critiquent, voire le rejettent, sans jamais appartenir de façon exclusive à ceux qui, au nom de l'expérience et de l'inclination sincère, en revendiquent crânement d'illusoires titres de propriété affective.

Le problème est entier ; il impose à tous la loi de son éternel retour. Il est le chiffre insondable d'un mystère.

Et si, au lieu de prétendre savoir par avance et une fois pour toutes ce qu'est le football, au prétexte que nous l'aimons ou que nous le détestons, que nous le pratiquons ou que nous lui préférons un autre sport, que nous l'encensons ou que nous le condamnons, que nous le suivons ou que nous n'en avons cure, qu'il est partout adulé et que nulle part il ne fait l'unanimité, on s'efforçait de penser ce qui, en lui et peut-être en lui seulement, parle si universellement de nous ?

I.

LES MAÎTRES IGNORANTS

« C'est un jeu qui n'a pas de vérité, qui n'a pas de loi, qui n'a rien. Et on a envie de l'expliquer. Mais personne n'arrive à l'expliquer. »

Michel Platini

« Le football est un jeu rendu compliqué par des gens qui n'y connaissent rien. »

Bill Shankly

1.

La tentation d'expliquer

Le football a aujourd'hui ses spécialistes et ses champs d'analyse attitrés jusque dans l'Université. À son propos, on multiplie les discours savants et on affûte les outils théoriques. L'historien en révèle les origines, entre continuités et ruptures ; il en construit le récit dans le temps long des époques. Le sociologue en décrit la fonction sociale, selon les types d'activités et les groupes humains concernés. Le physicien observe, mesure, range, classifie les données qu'il recueille ; il explique rationnellement les trajectoires de tir, les chocs des mobiles et les mouvements des joueurs. Le médecin dégage les conditions biologiques et les effets physiologiques du jeu. Le nutritionniste et le diététicien en optimisent la préparation alimentaire et énergétique. Le kinésithérapeute ménage la récupération

musculaire des organismes. Le psychologue décon-
struit les obstacles mentaux qui empêchent les
champions de vaincre leur peur de perdre et de
s'accorder le droit de l'emporter.

Les soirs de match, on n'hésite plus, depuis
longtemps, à convoquer tout ce beau monde sur
les plateaux des différents médias. Les échanges
auxquels on assiste sont aux dialogues des penseurs
antiques ce que le café du Commerce est au
Collège de France ; mais ils ont aussi leur charme
récréatif. Parallèlement, on ne peut plus suivre un
match sans être inondé de statistiques, de schémas
et de graphiques censés nous éclairer sur les performances des équipes, leur style de jeu, l'état de forme
et le rendement de chaque joueur, sa capacité à
tenir le rôle qui lui est imparti dans une tactique
passée au peigne fin et savamment comparée aux
autres options de jeu possibles. Les trajectoires des
frappes et les positions des joueurs sont soumises à
un subtil travail de recension et de décomposition.
Chaque but est diffusé un nombre incalculable
de fois. On le repasse sous tous les angles ouverts
par des caméras toujours plus nombreuses. Tout
est ainsi fait pour que, ralentis, palettes et loupes à
l'appui, le téléspectateur soit placé dans une situation de contrôle intégral par rapport à ce qui se
produit objectivement sur le terrain. Il est tenu en
haleine avant et après le match (et même pendant
la mi-temps !) par une somme considérable de
données. Elles filent vers lui comme les atomes
pleuvent sur le monde d'Épicure. Ces informations

sont censées lui fournir le moyen de suivre et de juger au mieux de la qualité de la confrontation à laquelle il assiste. L'illusion de se tenir au plus près de l'événement, de le vivre pour ainsi dire de l'intérieur, est totale.

À l'ère du tout-football et des émissions, aucun fait de jeu n'échappe plus à la capture numérique des images et des sons. Le moindre signe interprétable est archivé, en vue d'être intégré à des laboratoires de recherches. Ils en tireront des outils théoriques pour améliorer sans relâche les performances dans tous les domaines. Si l'erreur est humaine, il n'est plus jusqu'à l'arbitre lui-même, jadis maître incontesté et souverain du jeu, qui ne soit soumis à un étroit système de surveillance. Ce dernier est capable de rendre compte de phénomènes imperceptibles aux organes des sens humains. On ne se contente plus de poursuivre celui qu'on nommait jadis l'homme en noir jusqu'à la porte du vestiaire, en poussant des cris d'orfraie, ni de l'attendre rageusement dans un couloir, comme dans *À mort l'arbitre !*, le film de Mocky, sorti en 1984, l'année de l'Euro organisé et remporté par la France. En cas de litige, on le fait désormais sortir du terrain, pour l'inviter à tirer d'une machine une information qu'on veut croire objective et infaillible. Comme si, en plus d'interrompre le jeu, le procédé n'avait pas aussi l'inconvénient d'exiger un nouvel et irréductible acte d'interprétation. Il renverra de toute façon l'arbitre, définitivement tombé de son piédestal théologique, à sa solitude autant qu'à la finitude de son jugement. Même si on peut reconnaître que certains scandales trouvent ici un remède adapté.

À l'âge de la technoscience mise au service de l'industrie du divertissement, tout nous pousse à conclure que le football peut être connu avec la même précision objective et la même rigueur rationnelle que les autres phénomènes de la nature et de la société. Mais est-ce bien le football qui nous est ainsi révélé et donné à connaître ? Le fait de le décrire, de le scruter, de le décomposer et de l'expliquer nous permet-il de mieux comprendre ce qui le définit en tant que tel et le singularise ? Sa pratique et le plaisir qu'elle suscite, qu'on soit joueur ou spectateur, pratiquant ou amateur, conquis ou sceptique, se réduisent-ils au maniement d'un ensemble de données calculables ?

En un demi-siècle, la science appliquée au sport en général et au football en particulier a certes accompli d'immenses progrès. Elle a incontestablement contribué à modifier de façon décisive les paramètres athlétiques, tactiques et techniques du jeu. Son apport à la connaissance des phénomènes réunis sous le nom de football est avéré et incontournable. Il ne s'agit, à l'évidence, nullement de le nier, ni même de le relativiser. Cette tendance de fond des temps contemporains s'applique d'ailleurs, à un niveau ou à un autre, à tous les phénomènes et à tous les processus qui retiennent l'attention des hommes. À tel point que la mort et l'amour, mystères par excellence, se trouvent soumis à un travail de rationalisation qui ne semble plus avoir de limite. La première serait entièrement réductible en termes chimiques et soluble dans la biologie, de sorte à en retarder toujours davantage l'échéance et à en escamoter efficacement les aspects incompréhensibles. Le second aurait des intermittences qui ne seraient pas l'effet contingent et imprévisible d'une obscure inconstance de l'âme humaine, mais le résultat d'une programmation naturelle, qui viendrait par avance limiter nos affects les plus profonds à une durée de trois ans, pour des raisons phylogénétiques trop longtemps passées sous silence, mais qu'on serait sommé de tenir pour incontestables.

Cette tendance, nous choisissons de l'appeler ici, à la manière critique de Cioran, la *tentation d'expliquer*. Le sens de cette expression doit moins au tourment moral et à la condamnation religieuse, qu'à une réflexion plongeant ses racines dans l'antique procès de la démesure, la fameuse et tragique *hùbris* des Grecs. Que nous soyons tentés de prétendre tout connaître à l'aide de notre raison est assez compréhensible, si l'on prend la mesure du chemin parcouru par l'esprit humain à travers les âges, et singulièrement depuis les premiers temps de la science classique, apparue au XVIIe siècle. Dégagés des explications théologiques et métaphysiques, le monde et tous les phénomènes qui le composent sont, depuis cette époque dont la nôtre est la fille, explicables en termes de causes et de lois. Ainsi, le football et sa popularité n'échappent-ils pas à la règle. Ils sont abordés froidement de deux manières. Elles sont comme l'avers et l'envers d'une même médaille.

Tantôt nous prêtons son succès à des causes *internes* à sa nature. C'est un jeu simple. Il n'exige pas d'équipements coûteux (contrairement à sa version nord-américaine), se pratique volontiers pieds nus ou en savates, avec une balle de fortune ou de qualité selon les moyens du bord, en usant d'un pied et des deux, dans la rue ou à la plage, sur un terrain défini ou aux confins de n'importe où, avec des valeurs fortes et des règles faciles, en laissant toute la place au génie individuel, sans rien ignorer des vertus du collectif. Chaque but marqué est le fruit rare et précieux d'une âpre conquête. Le moindre geste fait l'objet d'un récit possible, de préférence hyperbolique et partisan. L'arbitre y est à la fois le bourreau et la victime. Le tout plonge le spectateur dans un grand bain d'incertitude et de tensions multiples, dont la température varie au gré des circonstances et des enjeux. Entre contingence des forces naturelles, parousie de la rouerie, indignation devant l'injustice et éloge du grand style.

Sans exclure nécessairement les premières, ce sont tantôt des causes *externes* à l'affaire qui sont mises en avant. Le football est un produit historique récent et tardif d'origine anglo-saxonne. Il a essaimé avec les comptoirs coloniaux de l'Empire britannique, voyageant dans les cales des grands navires pour se déposer, comme la rosée du siècle passé, sur les rivages du globe entier. À grande

vitesse, il est parvenu à tisser la toile d'une compétition mondiale, favorisant les déclarations feutrées
et les récits laudateurs des écrivains comme des
intellectuels de tous types, dont certains l'ont
bu comme le lait de leur milieu social d'origine
ou fantasmé *a posteriori*. Les passionnés de tous
âges, bénéficiant de moyens techniques inédits,
disposent d'un réseau médiatique universel, dans
lequel les images et les sons défilant en boucle ne
laissent plus (hélas !) aucun geste dans l'ombre
fugace d'une action éphémère.

Mais expliquer quelque chose, en étudier tous
les aspects et les articuler entre eux de façon rigoureuse, ne dissipe pas nécessairement ce qu'il y a de
problématique et de mystérieux dans ce à quoi s'attache notre esprit. On peut tout savoir d'une chose
ou d'un être, sans en saisir l'*essentiel*. L'idée d'avoir
le dernier mot a ici peu de sens. Surtout pour ce qui
touche à ce que chaque génération et chaque individu découvrent dans un éternel renouvellement,
qui, formons-en le souhait, ne prendra jamais fin.
C'est pourquoi, en dépit des nombreux efforts et
des indéniables progrès scientifiques récents liés
à la chose footballistique, nous proposons l'hypothèse selon laquelle le football, élevé au rang d'objet
digne d'être étudié, n'est pas un problème comme
un autre. Il n'est pas davantage un fait trivial qu'il
s'agirait de décrire de façon exhaustive. Il ne peut
se résoudre à coups de statistiques, de théorèmes,
de graphiques et d'équations. Il est le chiffre d'un
mystère, plutôt que le mot provisoirement caché

d'un secret ou le point encore scellé d'une énigme. Obstinément et sans que personne ne puisse en répondre, le football excède et déborde par avance la logique des recettes théoriques, la marche des progrès techniques et la déconstruction des certitudes métaphysiques.

Au seuil de cette recherche, hasardons une première définition, à la manière d'un *kick and rush*, dans la grande tradition britannique : ni fait, ni chimère, ni phénomène, ni noumène, le football est l'épopée vécue à la fois individuellement et collectivement du plaisir que peut éprouver un être humain à se jouer de la vie et des éléments, qu'ils soient naturels ou sociaux, en mobilisant toutes ses ressources physiques et morales et en déléguant aux ressources d'une équipe et aux limites d'un terrain le pouvoir de communier avec les autres hommes, sans autre dieu ou maître que le rebond d'une balle, l'adresse d'un joueur, le caprice d'un poteau ou le sort plus ou moins heureux qui permet la victoire ou qui condamne à la défaite.

Pour le comprendre et le mesurer pleinement, il est temps de faire entrer en jeu les titulaires de l'équipe de ceux que, sans mépris ni suffisance, nous choisissons, par un emprunt amusé et tendre à la plume de Jacques Rancière, de compter au nombre, plus grand qu'on l'imagine, des *maîtres ignorants*.

2.
Mystère des origines, origines du mystère

Comme toutes les origines, celles du football sont incertaines. Fascinantes malgré l'impossibilité qui frappe leur recherche, elles interrogent les limites de notre pouvoir de connaître. Elles renvoient à ce dont, par principe, personne ne peut témoigner, ni rendre raison. Les chercher, c'est interroger le besoin qu'a notre esprit de trouver l'unité fondatrice de ce qui, depuis que les poules pondent et que chaque gallinacé sort d'un œuf, n'a pas de commencement absolu.

Dans toutes les sociétés qui se sont succédé à travers les âges, les hommes ont abondamment recouru aux mythes pour rendre vraisemblable ce qui ne peut que s'imaginer, sans jamais se montrer. Toute quête d'origine est l'endurance d'un mystère. Elle renvoie à des circonstances initiales, qui sont à la fois le cadre temporel primitif d'apparition d'une chose et la cause efficiente d'un phénomène perdu dans les limbes d'un passé privé de sujet pour le narrer. À la différence du commencement, qui peut se situer dans le temps (un débutant au football sait, plus ou moins, quand il a tapé dans son premier ballon ou signé sa première licence), l'origine ne prend pas place dans le cours chronologique. Elle est à la fois le principe et la cause (il n'y a pas d'origine de l'origine !). On ne peut jamais la regarder jusque dans le fond des yeux. Elle est le hors-champ de toute histoire, entre réalité et science du passé humain, dans la troublante homonymie propre à la langue de « JPP », *alias* Jean-Pierre Papin, et de Just Fontaine, poètes inspirés des surfaces. Sa chronique au long cours relève au moins autant du roman familial au sens freudien, que de l'intrigue policière à la Agatha Christie, voire de l'horoscope.

Le mystère des origines n'est pas plus réductible en termes positivistes (comme s'il n'était qu'un effet de notre ignorance que la raison pourrait dissiper), qu'il n'est multipliable à l'envi selon une modalité obscurantiste (comme s'il y avait du mystérieux en tout pour qui consentirait à se donner la peine de considérer chaque chose dans son insaisissable complexité). Le champ du mystère se défend sans avoir besoin de nous contre les assauts de la rationalité. Il s'étend et oscille entre le sacré et le profane, le connu et l'inconnu, l'historique et l'indéterminable – à la différence du secret, qui dépend d'une volonté assumée de dissimuler, et de l'énigme, qui traduit avant tout l'incomplétude provisoire de notre savoir. De là le cousinage incestueux du mystère et de la mystification. Celle-ci se tient à mi-chemin entre le mystère et l'énigme, comme pour mieux tromper son monde et nous enrhumer de ses feintes.

Les sources et les archives diverses du football révèlent les origines d'un sport qui, pour dominant qu'il soit devenu, n'en résulte pas moins d'une histoire mouvementée et complexe. Celle-ci est aujourd'hui en partie connue et documentée, même si elle résiste à toute explication unifiée de ses innombrables méandres. Cette histoire, ou plutôt cette historiographie, est le résultat du travail remarquable accompli par au moins deux générations d'historiens. Ceux-ci ont eu le mérite moral et le courage intellectuel de considérer le football comme un objet théorique digne d'être construit et de figurer au nombre des activités humaines susceptibles de nous en apprendre sur nous-mêmes. On ne peut plus prétendre dire quoi que ce soit de pertinent sur le football sans puiser à leurs sources savantes. Au pays de Molière et de Mbappé, le sport continue certes de pâtir d'une disqualification théorique qui a la vie longue. Mais on ne saurait ignorer davantage les trésors de savoir qui garnissent les rayons de moins en moins poussiéreux des bibliothèques universitaires, tant ils contribuent à faire du sport autre chose qu'un pis-aller hygiénisant ou l'objet ironique d'un mépris churchillien.

Il arrive qu'une chose existe de fait avant le mot qui la désigne et lui confère un statut en droit. Ainsi en est-il de l'être qui vient au monde – tel l'enfant qui ne devient une personne que par le nom qu'il reçoit en propre – ou encore de la philosophie, inaugurée par Thalès de Milet, au vi^e siècle avant Jésus-Christ, mais nommée, selon la légende des philologues, par Pythagore de Samos, quelque temps plus tard. C'est lorsqu'un être ou un objet est nommé qu'il devient pleinement ce qu'il est et qu'il se singularise. Le football a longtemps brillé par son hétéronymie, avant d'oublier la balle en chemin, pour que ne reste que le « foot ». Dans son incomplétude pratique, le terme est commode, mais appauvrissant pour la chose qu'il ne dénote plus qu'à demi.

Le mot « football » est formé sur deux mots anglais que tout le monde comprend. Il désigne un sport : *desport* veut dire amusement, délassement en ancien français. Il a vu le jour dans l'Angleterre victorienne du xixe siècle. Successivement appelé *dribbling game*, puis *football rugby* et enfin *football association* (ce qui nous a valu, au début du siècle dernier, l'expression « l'assoce », aujourd'hui totalement disparue de l'idiome du grand Rocheteau), il n'est que tardivement et récemment devenu le football. Ce dernier s'écrit et se prononce à l'anglaise en français. Mais son nom d'usage varie selon les pays et les langues : *futebol, futbol, Fussball, calcio, soccer*, etc. Les pieds des hommes et les balles de formes et de matières diverses qu'ils ont fabriquées ne sont évidemment pas apparus avec lui. Leur association plonge ses racines dans des temps très anciens, qui ne se comptent pas en siècles, mais en millénaires. Elle n'est pas primitivement anglaise, ni italienne, ni même sud-américaine. C'est bien plus loin dans le temps et dans l'espace qu'on en repère les premières traces significatives dans deux grandes civilisations. On ne sera pas surpris de découvrir leur goût, à la fois précoce et persistant, pour une activité appelée à une future carrière brillante et universelle pleine de rebondissements.

Le Japon et la Chine, les frères ennemis du Levant, disputèrent en la matière un tout premier derby culturel. Vers l'an mil avant Jésus-Christ, la Japonaise Murasaki Shikibu évoque dans ses textes l'existence d'une pratique qui doit sans doute plus à la courtoisie et au jeu d'adresse qu'au sport de type anglais, tel que nous le concevons à présent. Elle perdure, jusqu'au XVᵉ siècle de notre ère, sous le nom de *kemari*. En quoi consiste ce jeu ? À mi-chemin entre le jonglage et la passe à dix, il se joue en réalité à huit, sur un terrain de 14 mètres de long, dont la largeur n'est pas précisée et sur lequel on s'échange un ballon d'environ 22 centimètres de diamètre (contre une circonférence de 68 à 70 centimètres et un poids de 410 à 450 grammes pour nos ballons actuels, avec une pression comprise entre 0,6 et 1,1 bar). Comme ce sera encore le cas, bien plus tard, pour l'aristocratie anglaise contemporaine, notamment aux premiers temps du tennis, le but n'est pas de désigner un vainqueur, ni de battre son adversaire. Ce sont là les passions réactives et tristes du vulgaire, pense-t-on alors. Il s'agit simplement de s'adonner à une pratique sociale. La finalité n'est pas la compétition, mais une sociabilité dont les contours restent bien nébuleux aux tard-venus que nous sommes, intoxiqués par la confusion entre accomplir une performance et vaincre, produire un beau geste éphémère et créer une action efficace qui sera victorieuse. Notre obsession de la bannière et notre prédilection pour les victoires nous font trop souvent oublier qu'aucun succès, si mémorable soit-il, n'est tout à fait inoubliable et que chaque triomphe reste toujours à confirmer. Les champions, eux, qui sont les véritables producteurs des exploits, savent de quoi il retourne.

Reste que les querelles historiques vont bon train sur l'origine exacte de ce jeu archaïque. Elle serait peut-être chinoise. Les soldats de l'empereur Huang-ti en seraient les véritables inventeurs. On sait désormais qu'on jetait déjà dans les airs, il y a environ deux mille cinq cents ans de cela, une sorte de balle en cuir, dont le tir avait pour but de passer entre deux poteaux matérialisés par deux bâtons enfoncés dans le sol. Là encore, le « football » des origines porte la marque du féminin. Un bas-relief retrouvé au fond de la province du Henan représente une jeune femme frappant un ballon du pied droit. Mais ce n'est pas tout. Au tournant de notre ère, le jeu de balle est toujours d'actualité sous le règne de l'empereur Cheng-ti.

Il a même ses champions, comme Chang-fu, connu pour la hauteur remarquable de son jet de balle, et Wang Ch'San, resté dans les annales pour son adresse singulière. Les dynasties des siècles ultérieurs ne se feront pas non plus prier. Celle des Tang (618-907) voit renaître un jeu qui est, lui aussi, apparenté à notre tardif football, et celle des Ming (1368-1644) aurait constitué une sorte d'âge d'or du proto-football féminin extrême-oriental. Celui-ci est immortalisé dans des récits épiques, comme ceux de la talentueuse Peng Kyuyan.

Tous ces éléments nous permettent de penser que la passion pour le football, aujourd'hui très forte chez les Chinois et les Japonais, à laquelle il convient d'ajouter celle de leurs voisins nord-coréens (brillamment emmenés par Pak-Doo ik et pourtant internés en 1966 à leur retour au pays, après leur défaite en Coupe du monde contre le Portugal !), n'est pas l'effet d'un pur mimétisme interculturel. Il ne s'agit pas seulement de se mettre au diapason des pratiques occidentales pour ces civilisations millénaires tardivement gagnées par la médiatisation du sport le plus pratiqué et le plus exposé du monde, capitalisme mondialisé oblige. Il existe, au contraire, des racines extrême-orientales originales et incontestables, qui laissent entrevoir une universalité bien plus précoce et autrement plus complexe que celle que notre européocentrisme tardif pourrait faussement nous faire compter au nombre de nos spécificités culturelles. L'ethnocentrisme déborde sur les ailes de la fatuité toutes les cultures sans exception. L'universalité n'est souvent que de l'uniformité. En cela, le monde reste rond comme un ballon et nos préjugés ne peuvent que tenter de jouer une vaine prolongation.

Parallèlement à ces racines asiatiques, on trouve d'autres traces de pratiques anciennes, qui ne sont pas sans évoquer notre sport moderne. Dans ce qui n'est pas encore alors le Nouveau Monde, c'est notamment le cas du *tlatchi*, pratiqué chez les Aztèques. Ce jeu de balle est, en réalité, autant un sport qu'un rite. On le trouve dans les civilisations précolombiennes et méso-américaines, depuis des temps très anciens, sans doute au moins un millénaire avant Jésus-Christ. Il gagne ses lettres de noblesse, chez les Mayas, sous divers noms, tels que *pitz*, *pok'ol pok*, *ullamaliztli* ou encore *taladzi*. Son heure de gloire est atteinte, entre le VIIe et le Xe siècles de notre ère, avec l'usage d'une balle en caoutchouc de petite taille que se disputent deux équipes sur un terrain qui ressemble en partie à nos champs de jeu actuels, mais sans lignes de part et d'autre du court, lequel prend la forme d'une sorte de H majuscule.

Ici, la dimension sportive, telle qu'elle s'est affirmée à l'époque contemporaine, n'est sans doute pas totalement absente. Mais elle demeure bien secondaire et anecdotique. Au sens pasolinien, c'est d'un rite qu'il s'agit plutôt, soit de quelque chose qui met en scène le sens de l'existence sous la forme de pratiques sacrées et répétitives. Jouer sans les pieds ni les mains, par la seule grâce du tronc et à la force des jambes, en privilégiant la poitrine et les cuisses, mais sans négliger les coudes, les genoux et la tête, c'est faire du contact avec le ballon, à l'aide du corps tout entier, une sorte de danse ou d'étreinte. Cette attitude exprime un certain rapport au monde, dont le sens nous demeure caché et étranger. Non pas qu'on ne puisse pas chercher à l'expliquer, mais parce que ce genre d'attitude est l'expression singulière d'une intensité de vie qui engage le corps dans sa totalité, sur fond de croyances, de coutumes et d'espérances. Celles-ci ont plus trait à la religion qu'au délassement – jusqu'à y perdre littéralement la tête, comme l'atteste le goût pour la décapitation de participants entièrement absorbés dans ce qui relevait autant d'une fête au sens païen, que d'une cérémonie dans l'acception la plus étroitement religieuse. À la course du Soleil dans le ciel, répondent des ballons qu'on s'échange hardiment dans les airs et des têtes qui roulent sur le sol. On imagine qu'un tel spectacle pouvait être saisissant jusqu'à l'effroi et qu'il devait laisser, excitation morbide oblige, un fort désir de le voir à nouveau.

En dépit de cette préhistoire exotique, la vieille Europe est bien le foyer séculaire de la genèse de ce qui, au fil des époques et des civilisations, prendra la forme tardive et récente du football, tel que nous le connaissons. Ce dernier n'est pas sorti tout armé de la tête d'un directeur de *college* britannique, ni d'un biceps gonflé de paysan des Cornouailles, ni de la cuisse d'un *condottiere* florentin de la

Renaissance. Bien avant les joutes tapageuses et brutales des cités transalpines, très en amont des empoignades rustiques qui auront cours dans les campagnes françaises et anglaises, puis dans une moindre mesure dans les universités victoriennes, on en repère l'existence dans la Grèce et la Rome antiques. À ces deux foyers historiques d'une exceptionnelle fécondité, on ne doit pas seulement les premiers pas d'une civilisation nouvelle fondée sur les ressources croisées du théâtre, de la poésie, de la politique, de l'amour, de la philosophie et de la science, mais aussi la première organisation universalisable des jeux humains, dont Olympie n'est que la partie émergée de l'iceberg.

Plus que l'*episkeros* des Grecs, c'est l'*harpastum* des Romains qui constitue le jeu de référence ici, à côté de la *pila paganica*, la *pila trigonalis* ou encore la *follis*. De l'*episkeros*, on trouve des mentions dans l'*Odyssée* du divin Homère (chant VIII, v. 372-373). Ce dernier évoque Alkinoos, le père de Nausicaa, dont les deux fils, Laodamos et Halios, « prirent à deux mains un beau ballon de pourpre que, pour eux, avait fait Polybe, un habile homme ». Il décrit ce « jeu de haute balle », dans lequel, « échine renversée, l'un d'eux l'envoyait jusqu'aux sombres nuées, l'autre, sautant en l'air, le recevait au vol, avant de retoucher le sol avec ses deux pieds. » On se délecte encore de l'éloge de l'*episkeros* dans le *Traité du jeu de balle*, signé par le plus brillant médecin de l'Antiquité après Hippocrate, le grand Claude Galien (129-216), qui loue la facilité de ce genre de jeu. Il souligne, selon un argument qui n'a pas pris une ride, le fait que « le plus pauvre peut s'en offrir le matériel ». En bon médecin, il ajoute que « c'est le seul vrai sport qui agisse aussi également sur toutes les parties du corps ». Il célèbre particulièrement son intensité et sa propension à améliorer notre vue, en vertu de l'imprévisibilité des trajectoires de balle, développant ainsi ces deux facultés connexes que sont l'« art des combinaisons » et l'attention. Une telle pratique permet, en outre, de « reposer les membres qui ont été fatigués et d'exercer ceux qui se sont engourdis ». C'est donc bien « le sport le plus utile par excellence » et l'un des rares qui soit susceptible de « se pratiquer sans danger » (ce qui est quelque peu douteux, comme on le verra). On trouve, enfin, chez Julius Pollux, philologue et rhéteur mort au IIe siècle, dans son *Onomastique* (livre IX, v. 105-107), une éclairante énumération des jeux de balle que sont l'épiscyre, la phénindre, l'*aporrhaxis* et l'uranie.

De ces jeux, les armées romaines firent un produit d'exportation de leur cru. Il fut sans doute remanié dès 43 avant Jésus-Christ, lorsque les légions d'Auguste, d'abord appelé Octave puis devenu Octavien, posèrent le pied de l'autre côté de la Manche. Il consistait à manier une balle de taille réduite, qu'on se disputait sur un terrain de forme rectangulaire divisé par une ligne médiane et compris entre deux lignes de base. Par un système de passes, il s'agissait en fait d'emporter la balle au-delà de la ligne de l'équipe adverse, selon un principe qui n'est pas

propre au football, ni même aux seuls sports de balle.
Les sports de combat et les arts martiaux recourent
pour certains également à des repères spatiaux de
ce genre. On trouve toutefois déjà réunis ici des
éléments décisifs, notamment les premières formes
de but, d'archaïques soucis tactiques et la formation
d'équipes, sans doute très différentes de ce qu'elles
sont devenues beaucoup plus tard.

Il y a encore un autre élément intéressant, dans
ce contexte romain antique. À l'instar du *quater-
back* si cher au football dit « américain », de « l'intérieur » fondamental au basket-ball ou du meneur
de jeu au football (le mythique « numéro 10 » de
Pelé à Zidane, en passant par Platini et Maradona),
un individu plus adroit que la moyenne avait, dès
cette époque, pour charge d'animer le jeu. Son rôle
était littéralement de lui donner une âme : *anima*
en latin traduit le grec *psukhè*, qui est principe
de vie. Ce joueur singulier, c'est le *medicurrens*.
On peut traduire le terme latin par l'« homme du
milieu » ou encore l'« intermédiaire ». Ce dernier
mot est étrange, puisqu'il désigne deux fois l'idée
de centre ou de milieu. Mais cette animation,
source de créativité et d'adresse, n'excluait pas une
certaine brutalité dans les affrontements physiques.
La violence qui avait cours alors ne dépassait pas
seulement l'entendement, mais aussi la mémoire,
et il est difficile d'en rendre compte précisément.
Ceux qu'on appelait encore au football, jusque
dans les années 1950, les fameux « inter », avant
d'en faire nos milieux de terrain impossibles à

époumoner, en savaient quelque chose, quand tant de fautes étaient encore tolérées. Leurs chevilles et leurs tibias aussi, qui portaient les stigmates de toutes les batailles de ce drôle d'Empire du Milieu que représente l'entrejeu footballistique.

Sur ce point, l'histoire du football n'est pas privée d'ironie. Elle charrie un long cortège de violences bien réelles, à la fois permanentes et polymorphes. Le football est pourtant souvent tourné en dérision pour la prétendue fragilité de ses protagonistes et leur susceptibilité en matière de contacts physiques. Il est souvent qualifié de sport pratiqué par des comédiens. Le comédien, l'*hypocritès* en grec ancien, c'est celui qui n'est pas ce qu'il est et qui feint d'éprouver des émois qu'il ne ressent pas. On reproche ainsi régulièrement à ceux qui pratiquent le football de simuler des coups imaginaires, à l'image du brillant et parfois ridicule Neymar, qui en a fait sa marque de fabrique, en se roulant sur la pelouse comme un engin agricole. Or, si le « cinéma » ou le « chiqué » (en faire trop, se rouler par terre, simuler un coup, quand « il n'y a rien », comme on dit) est devenu le signe de ralliement critique des pourfendeurs du ballon rond, c'est en raison d'une ignorance de ce qui a longtemps prévalu dans sa pratique effective. Cette particularité se retrouve dans d'autres traditions sportives, comme le rugby ou le football dit « américain », et plus encore dans sa version ultra-violente dite « australienne », où les cloisons nasales se déplacent aussi vite que le ballon. Elle a subi une réglementation toujours plus stricte. Ce fut la condition nécessaire pour éviter son interdiction et sa disparition pure et simple.

L'historien est sur ce point formel. Plus que de tout autre jeu, le football est, à n'en pas douter, le fils de la soule, parfois appelée « choule », « saulte » ou encore « mêlée », dans une consanguinité terminologique avérée avec le futur rugby, dont Webb Ellis (1806-1872) est sans doute un peu trop généreusement tenu pour le glorieux inventeur. La soule, sorte de rite social mêlant religiosité et folklore populaire, pouvait réunir plusieurs dizaines de joueurs dans chaque équipe – jusqu'à cinquante par camp, au moins une fois l'an. Elle remonte au bas Moyen Âge. La présence de ce jeu est attestée, des deux côtés de la Manche, tout au long du XIIᵉ siècle. Dès 1147, la Bretagne et la Normandie voient circuler les premiers textes qui en font mention. L'Angleterre monte dans le même wagon à partir de 1174. Elle ne disparaîtra des campagnes anglaises et françaises que récemment, dans la première moitié du XIXᵉ siècle, période où elle est encore très populaire, mais sans doute moins compatible avec certaines mœurs en pleine transformation.

Essayons de décrire ce à quoi pouvait ressembler la soule. Ce jeu, à la fois populaire et plutôt rural, permettait à des catégories d'individus (les jeunes, les moins jeunes, les célibataires, les hommes mariés, les représentants d'un corps social ou professionnel, etc.) de s'affronter, en montrant leur virilité et leur adresse. S'y manifestait et s'y éprouvait aussi leur sentiment d'appartenance à un groupe de personnes dotées d'un statut particulier. Les colons anglais partis conquérir et peupler le Nouveau Monde n'omettront pas de le glisser dans leurs bagages, avant que la ville de Boston prononce, en 1657, l'interdiction du *folk football*. Les autorités locales y virent sans doute une source de troubles, d'excès de violence et de drames trop liés à l'Ancien Monde.

Cette prohibition ne fut ni la première, ni la dernière. Elle n'est en rien exceptionnelle. Elle s'inscrivait, au contraire, dans une longue tradition pluriséculaire. Sur le football prémoderne, ne cessaient, en effet, de tomber les actes officiels d'interdiction, comme les coups ne cesseraient pas de pleuvoir, plus tard, sur les chevilles d'un ailier ou les tibias d'un meneur de jeu croisant les pieds vindicatifs d'un Claudio Gentile ou les ruades sournoises d'un René Girard, la brutalité du redoutable « tsar » Piotr Vierchowod mutilant le divin Van Basten ou le vice coutumier d'un Nobby Stiles, voire d'un Vinnie Jones traquant sans relâche Gascoigne et Cantona, aux époques diverses où ils sévissaient les uns et les autres dans une impunité routinière.

Ces interdictions, comme le rappellent avec pertinence les auteurs de *Jours de foot. La plus belle histoire du football mondial*, étaient même monnaie courante entre le XIVe et le XVIIIe siècles ? Les souverains anglais, d'Édouard II (1314) à Édouard III

(1349), et leurs homologues hexagonaux, Philippe V (1319), qui promulgua une « interdiction à toutes personnes de jeter aucunes boules de cuir le jour de Noël, ni aucun autre jour ; de s'attrouper pour courir la boule, sous quelque prétexte que ce soit, à peine de cinquante livres d'amende », Charles V (1369) et Louis XI (1483), jouèrent plus ou moins mollement la petite musique inaudible et inopérante de la prohibition. Tous condamnèrent une pratique qui entraînait blessures physiques et dégradations matérielles en tous genres. En 1835 encore, à la veille de la naissance du football sous sa forme contemporaine, le *Highway Act* en interdit, Outre-Manche, la pratique sur les voies publiques. Il imposa d'user d'espaces privatifs réservés à cet effet, restreignant son existence sans la supprimer tout à fait, selon un habile dosage diplomatico-politique. La paix sociale impliquait certains compromis qui ne se disaient pas. Mais rien n'y fit.

La liste des têtes couronnées, des puissants de tout poil et des auteurs parmi les plus célèbres qui ont pratiqué l'ancêtre du football est longue comme le bras d'un ambassadeur ou le drapeau d'un juge de touche zélé (autrement appelé, non sans ironie, « chef de gare »). On y retrouve Saint Louis, François Ier, l'amiral Philippe de Chabot, Henri II, Pierre de Ronsard, François Rabelais, Barclay ou encore John Webster. D'aucuns parmi ceux-là ne rechignaient pas à s'adonner à d'autres joyeusetés, comme la savate ou le jeu de paume par exemple. Les célèbres vers méprisants de William

Shakespeare, dans *Le Roi Lear* (acte I, scène 4), sur le « *base football player* », soit le *méprisable* ou *vil* joueur de football, ne changèrent rien à l'affaire. Le jeu de balle était en roue libre. Rien n'arrêterait plus sa course vers l'universel. Elle reprendrait dans les campagnes, à chaque Mardi gras, avec une impétuosité et une fougue qui ne se démentiraient pas au fil des ans. En plein Grand Siècle français, le philosophe et savant Blaise Pascal ne parlera pas sans raison, dans ses *Pensées*, entre autres exemples du goût commun pour le divertissement, de la fascination des hommes pour une balle qui roule et rebondit en tous sens, comme au fameux jeu de paume.

La fin du Moyen Âge ne fut pas celle de la soule, malgré les assauts répétés de l'arbitraire monarchique. Elle connut alors sa première grande mue. Dans un pays encore divisé en multiples États et duchés rivaux, l'Italie était en passe de prendre le relais, en inventant le *calcio*. Il fit son apparition dans la tonitruante et flamboyante cité des Médicis, au cœur battant de la rayonnante Toscane. Ce cousin éloigné du football associait des affrontements violents et d'une brutalité crue à des mouvements plus construits. Mais se développe déjà une certaine volonté de conférer des limites et des règles à un jeu spectaculaire fondé sur la rivalité entre grandes villes, mais aussi entre paroisses. S'opposaient notamment alors les principaux quartiers de Florence, comme ceux de Santa Croce et de Santo Spirito, pour ne citer que les plus connus. Créé dans le dernier tiers du XVe siècle, puis provisoirement délaissé au milieu du XVIIIe siècle, le *calcio* est aujourd'hui de nouveau pratiqué comme la résurgence d'un folklore historique et culturel. Il n'a pas pris une ride et les télévisions locales en font fièrement leurs choux gras.

L'âpreté du *calcio* trouva un écho inattendu dans la perpétuation des jeux ruraux, en France et en Angleterre, à l'orée du XIXe siècle. C'est là que, aux premiers temps de l'époque victorienne, sur les terrains des *schools* et des *colleges* britanniques, du côté de Charterhouse, Eton, Rugby, Shrewsbury, Westminster ou Winchester, naquit la version contemporaine du football. À l'image de la nature telle qu'elle est pensée par Diderot dans sa *Lettre sur les aveugles*, le football ne nous semble si abouti et si régulé que parce qu'il a progressivement jeté tous ses brouillons. Avant d'être un jeu de dribbles et de passes, il a commencé par hériter de plusieurs siècles d'échanges de coups en tous genres, de longues cavalcades désespérées à l'issue incertaine et de rivalités fratricides entre voisins de palier, de quartier ou de clocher. Étrangement, le football n'est pas, à cette époque, le premier sport à se structurer, puisque le baseball et le cricket l'étaient déjà, quand lui n'était encore, de son côté, qu'une simple récréation pour jeunes gens avides de jeux virils.

La suite est mieux connue. Elle a alimenté de nombreuses fables, avant de devenir un authentique objet d'étude du côté des sciences de l'homme,

notamment historiques. Le football est avant tout
un rescapé, une sorte de miraculé de longs siècles
de tentatives d'interdiction, voire d'éradication
par les autorités monarchiques, ecclésiastiques et
municipales, avant de renaître finalement dans le
cadre improbable des *british schools*. S'émancipant
peu à peu des pratiques carnavalesques et chahu-
teuses de la soule et des Mardi gras entre villageois
en mal de divertissement et de reconnaissance, le
football se déplaça et s'installa assez rapidement
au sein des écoles, au milieu du XIXe siècle. Il se
structura toutefois rapidement pour prendre les
contours bien définis d'un jeu construit et réglé.
Une série de modifications survenues coup sur
coup et parfois simultanément vint modifier les
traits de pratiques héritées du passé pour lui
donner, en quelques décennies à peine, le visage
qui est le sien à présent.

Peu à peu, on réduisit le champ de jeu. Ce
dernier devint un terrain avec des normes précises.
Celles-ci renoncèrent vite aux surfaces immenses
que, parfois d'un village ou d'un vallon à l'autre,
dévalaient des hommes peu soucieux de bornes
spatiales. Parallèlement, on appliqua la même
mesure à la dimension du but, qui désigna à la fois
le lieu à atteindre et le fait de marquer. On limita
aussi le nombre de joueurs. Ils ne se comptèrent
plus en dizaines ; mais ils furent ramenés à un
chiffre finalement fixé à onze, pour permettre une
juste répartition sur l'aire de jeu. On fixa les conditions de l'entrée des joueurs sur le terrain, ainsi

que les gestes qu'ils avaient ou non le droit d'accomplir au contact de l'adversaire, pour conquérir
ou pour conserver le contrôle de la balle. L'usage
de l'épaule, s'il ne rencontrait rien d'autre qu'une
autre épaule, fut conçu comme un droit jamais
aboli par la suite et maintenu comme une trace de
l'ancienne vigueur des contacts du temps jadis. On
détermina, enfin, la manière adéquate de conduire
le ballon et de se le transmettre dans le jeu.

De là vient, entre autres choses, le grand schisme
entre le rugby et le football. Le second se distingua
du premier, d'une part, en se jouant avec le pied
et, d'autre part, par le fait de se passer le ballon
aussi bien en avant qu'en arrière. L'interdiction de
l'usage de la main se fit de manière progressive,
consacrant le statut exceptionnel et privilégié du
gardien de but. Aux premières heures du football
contemporain, on plaçait encore souvent une pièce
de monnaie dans la main des joueurs de champ,
afin de leur épargner d'être tentés d'en faire illici-
tement usage. C'était le temps où le goal (abrévia-
tion de « *goalkeeper* ») avait, lui, depuis longtemps
déjà, le droit d'user de ses mains, mais pas encore
de se couvrir le chef d'une casquette, pourtant
indispensable en cas d'intempéries et plus encore
quand l'astre solaire se place dans son champ de
vision. Elle serait bien utile, un peu plus tard, à
Montherlant, Camus ou Nabokov, quand ils occu-
peraient le même poste.

Puis, l'histoire s'accéléra. Vint le temps où, en
moins de deux décennies, s'écrivirent les lois du

jeu de balle avec le pied. Entre 1848, d'abord, où apparurent les premiers codes de jeu écrits, du côté du Trinity College de Cambridge, puis 1857, lorsque fut fondé le premier club non scolaire, à Sheffield, et 1863 enfin, date de la création, à la Freemasons's Tavern, dans la Great Queen Street, à l'ouest de Londres, de la Football Association, la très centrale fédération anglaise (FA), le football vit le jour dans une Angleterre divisée sur la question de la forme à donner à son futur illustre rejeton.

Dans le Nord industriel, à l'ombre des usines autant que des paroisses, le football se structura et se professionnalisa à grande vitesse, en trouvant un écho populaire très fort et quasi immédiat. Quand le professionnalisme ne deviendrait réalité en France qu'en 1932, pour un salaire fixé conventionnellement dans l'Hexagone à deux mille francs mensuels (environ treize cents euros actuels), la première ligue professionnelle de football voyait le jour, en Grande-Bretagne, dès 1888. Dans le Sud du pays, moins vite gagné par la modernité des mœurs et par la fièvre ludique des grandes cités septentrionales, il demeura encore pour quelque temps un loisir traditionnel réservé à une élite sociale. La *Football League* fut créée la même année. Elle ne prendrait le nom de *Premier League* que nous lui connaissons qu'en 1992. Plus ancienne encore, la fameuse *Cup*, avec la particularité persistante de se jouer en matchs aller et retour, apparut en 1871. Elle fut le produit de l'imagination de C. W. Alcock, alors secrétaire de la fédération anglaise. L'internationalisation des rencontres ne tarda guère.

Là encore, les sujets de Sa Majesté furent les premiers à la manœuvre. Le premier match international de l'histoire du football fut organisé le 30 novembre 1872. Il opposa l'Écosse à l'Angleterre. Il se joua devant quatre mille spectateurs, au Hamilton Crescent, à Patrick, au cœur du pays des Highlands et du Loch Ness. Les cages des deux nations restèrent inviolées. Le premier match de l'histoire entre les voisins britanniques fut donc un match... nul ! Il s'acheva sur un score vierge, malgré les efforts des protagonistes de cette rencontre-*princeps*. D'autres matchs opposeraient l'Angleterre au pays de Galles, en 1879, puis à l'Irlande, en 1882. La passion s'installa durablement dans le cœur des Anglais. Dès les premières heures du xxe siècle, le football devint, Outre-Manche, le premier sport national, quand le cyclisme, la gymnastique et la boxe demeurèrent, pour de longues années encore, très prisés en France. Le football n'y triompherait vraiment que dans l'entre-deux-guerres.

Au tournant du siècle, le football se diffusa dans l'ensemble des pays en contact commercial ou diplomatique avec l'Angleterre. Les navires anglais l'exportèrent aux quatre coins du globe, de l'Argentine à l'Australie, en passant par l'Asie et l'Océanie. En 1904, la création, à Paris, de la Fédération internationale de football association (FIFA) ouvrit le siècle du football. La première

Coupe du monde fut organisée en 1930, en Uruguay, loin de ses bases européennes. Elle réunit treize nations, comme les Jeux olympiques à Athènes, en 1896, relancés par le baron Pierre de Coubertin, qui ne cachait pas sa préférence pour le rugby. C'est à partir des Jeux olympiques de 1924, où le but sur corner devint au passage valable, que le football commença réellement à éclipser le rugby et qu'il conquit définitivement le cœur des foules du monde entier.

À la veille de basculer dans l'horreur et alors que les bottes sombres se faisaient au loin menaçantes, l'Europe en crise ne voulut rien savoir de l'organisation de la Coupe du monde. L'Angleterre ne figura même pas au tableau de la compétition, lors des trois premières éditions remportées, entre 1930 et 1938, par l'Uruguay et par l'Italie (deux fois consécutivement). Il ne s'agissait encore que de la Coupe Jules Rimet, du nom de son créateur français. Celui qui se plaisait à rappeler que « le Soleil ne se couche jamais sur le monde du ballon rond », à la fois homme de pouvoir et d'engagement, eut l'honneur d'être le premier à présider la FIFA. Il venait d'un pays, la France, où le football tardait à s'imposer comme le roi des sports, avec une lenteur et des obstacles structurels qui en disaient déjà long sur son appétence toute relative pour la chose sportive en général.

En France, on aime le football et on respecte le sport. Mais la France ne fut à l'évidence pas, aux premières heures de son universalisation, un grand

pays de football. Ni de sport, de façon plus générale. Elle ne l'est toujours pas, malgré deux titres
mondiaux. La culture politique et livresque y prend
le pas sur tout. On imagine difficilement le pays se
mettre en deuil après la mort d'un pilote de Formule
1, comme ce fut le cas, au Brésil, pour Ayrton
Senna, un bien triste 1er mai 1994. Ou la nation
entière se draper dans une seule et même couleur,
comme les Pays-Bas savent le faire à chaque grand
rendez-vous international, en repeignant les rues et
les stades d'un orange flamboyant porté avec fierté.

Lors de la première Coupe du monde voulue
de toutes ses forces par un des leurs, les Français
furent de la partie, arborant un superbe maillot
bleu, adopté dès 1908. Ils ne brillèrent pas vraiment du côté de Montevideo, même s'ils ouvrirent
le score lors du premier match contre le Mexique,
qu'ils battirent 4 à 1, avant de s'incliner contre
l'Argentine, puis le Chili, sur le même score rageant
de 1 à 0. Au mois de juin de cette année 1930, seize
joueurs hexagonaux avaient fait la traversée de
l'Atlantique à bord du paquebot *Conte Verde*, l'un
des quatre grands navires lancés sur les mers par la
grande compagnie italienne Lloyd Sabaudo, sept
ans plus tôt. Ils s'entraînèrent sur le pont principal
du navire, au rythme des chansons de Maurice
Chevalier. À bord, on croisait aussi les sélections
roumaine, yougoslave et belge, rejointes en chemin
par la *Seleção* brésilienne. Malgré l'ardeur de ses
représentants, la France dut attendre longtemps
avant de devenir compétitive.

Cette époque de l'entre-deux-guerres fut celle de nombreux coups d'envoi. Celle où les premiers progrès technoscientifiques changèrent son visage, où les premiers numéros apparurent au dos des maillots et au cours de laquelle les premiers remplacements de joueurs furent réglementés. Mais ce fut aussi celle où les matchs en nocturne firent progressivement leur apparition, comme le donnent à voir, quelques années plus tard, les cinq toiles peintes avec des ballons blancs par Nicolas de Staël, au Parc des Princes, le 26 mars 1952. La rencontre entre la France et la Suède se solda par une défaite française, sur le plus petit des écarts. La soirée fut moins éclairée par le jeu français que par les cent vingt projecteurs de mille watts chacun répartis tout autour de la pelouse mythique. Cette période fut aussi et surtout celle où la télévision s'ouvrit au football. Elle le fit dès 1952, mais plus encore à partir de l'édition chilienne de la Coupe du monde, en 1962. Celle-ci fut diffusée pour la première fois en couleurs. Le triomphe planétaire de la reine des compétitions fut assuré au mondial mexicain de 1970, avec la première retransmission télévisée des matchs en mondovision.

Du côté français, il aura été bien long, le chemin conduisant du premier match entre Sotteville et Rouen, en 1865, puis de la création du premier club français, le Havre Athletic Club (HAC), sous le feu croisé des patronages laïcs et des paroisses catholiques, avec le bon abbé auxerrois Deschamps, jusqu'à une victoire en Coupe du monde, un certain

12 juillet 1998. Ce soir-là, tout comme vingt ans plus tard avec le second rêve mondial réalisé dans le stade Loujniki de Moscou, la France s'endormit multicolore et triomphante, sans que le football eût colmaté aucune de ses multiples fractures.

Au terme de ce panorama historique, on comprend que le football a mis du temps et a traversé bien des péripéties avant de triompher au panthéon des sports modernes. En France comme ailleurs, sa génération n'eut rien de spontané, ni même de linéaire. Tout fut fait, à chaque étape de son développement, pour le faire disparaître. Mais rien n'y fit. Son double mystère, puisqu'il ne s'agit pas simplement d'un secret ou d'une énigme, tient peut-être tout simplement dans son nom même. Il dit l'essentiel, sans avoir besoin d'y ajouter quoi que ce soit : pour le meilleur et pour le pire, il marie, d'un côté, la balle, à la fois soumise aux lois de la nature et capricieuse, et, de l'autre, le pied, attaché au corps et rompu à tous les terrains, alors que les autres sports font de la main, organe de la technique et support de la pensée en acte, le principe dominant et exclusif de l'habileté humaine.

Pour clore cette brève histoire du mystère du pied poussant la balle, il faut admettre, non sans étonnement, que la main avait tout pour elle. À la fois vecteur de la vie sociale et support de l'activité technique, la main est l'extrémité de l'intelligence fabricatrice et du génie politique des hommes : elle tient, indique, salue, adjuge, refuse, caresse, protège, frappe, materne, menace, serre, réchauffe, arraisonne, invite, usine, écrit, répartit, capte, donne et reçoit d'un même mouvement. Le pied, quant à lui, n'avait rien pour lui ou presque : il est accidentellement devenu le moyen de la bipédie et il a dû pour cela s'y mettre à deux ; mais il est tenu pour suspect, malpropre, nuisible, violent, courbe, final, malodorant et souvent honteux. De lui, on serait tenté de dire : cachez ce pied que je ne saurais voir, quand la main permet de montrer patte blanche, se pose fièrement sur la table et se serre dans la confiance. De l'Antiquité aux temps contemporains, l'abondance de la littérature consacrée à la main contraste de façon significative avec la pauvreté des études portant sur les pieds. Les expressions « s'y prendre comme un pied » ou « avoir deux pieds gauches », quand ils ne sont pas « carrés », résument dans la langue de Deschamps et de Bats le statut maudit de ce funeste organe. On se demande encore comment la balle a pu en arriver là et finir par tomber aussi bas ! À moins qu'avec George Bernard Shaw on admette que « les footballeurs ont leur cerveau dans les pieds » et, dans le sillage de Rousseau, que ceux-ci font partie de nos meilleurs « éducateurs ».

Si le pied paraît peu estimable et tout sauf ragoûtant, la balle n'a jamais cessé, elle, de fasciner depuis que l'intérêt des hommes pour les sphères en tous genres a commencé de se manifester. Cette passion primitive renvoie à des temps immémoriaux, qui nous reconduisent aux mystères et aux mythes des origines. Pour les hommes des premiers âges, la notion même de cercle et son corrélat, celle de disque, avaient déjà quelque chose de magique, comme la Lune et plus encore le Soleil, qui en sont les illustrations naturelles les plus visibles. Mais qu'est-ce qu'une sphère, sinon la réification d'un disque ? Or, de toutes les sphères, la balle est la plus capricieuse et la plus mobile. C'est sans doute pourquoi les hommes de l'Antiquité pratiquaient déjà ce que les enfants de toutes les générations font spontanément, quand ils s'emparent de cette chose mobile et rebondissante pour tantôt la serrer jalousement contre eux-mêmes et tantôt la rejeter au loin, en un endroit précis du monde, tout en traversant au péril de leur corps les lignes adverses, qui symbolisent la difficulté et l'importance de l'opération à accomplir.

De cela, le poète Rainer Maria Rilke a chanté les vertus, dans ses *Sonnets à Orphée* : « Nous comprenons ainsi pourquoi, dès les débuts de l'histoire, la sphère, de même que le cercle et l'arc, a constitué – et cela chez tous les peuples – un objet mystérieux et impressionnant et pourquoi, jusque dans les coins les plus reculés du monde et dans toutes les périodes de l'histoire, les jeunes et les vieux ont toujours joué à la balle. » Et le méridional Marcel Pagnol peut y ajouter sa louche de bouillabaisse phocéenne, dans laquelle se confondent les objets de même forme, pour peu que quelque chose de rond s'offre à nos extrémités : « Un Marseillais, Monsieur Brun, s'il voit un chapeau melon sur le trottoir, il ne peut se retenir, il shoute [*sic*]. »

Ici, tout est dit et rien n'est élucidé. De trois mille ans d'histoire du football, on peut retenir au moins une chose à la portée de l'entendement d'un poussin ou d'un benjamin, comme on nommait d'antan les enfants qui entraient dans la première catégorie des jeunes footballeurs : *c'est mystère et ballon rond !* Les deux petits siècles à peine écoulés au cours desquels le football a pris sa forme historique contemporaine sont un concentré de choix audacieux et de tournants inédits en matière de règles. Ils viennent renforcer l'impression d'étrangeté que le football procure à quiconque cesse de le regarder dans sa familiarité et dans sa trivialité présentes, et consent à suspendre son jugement pour oser le penser.

3.

Le divertissement-roi

L'anthropologue, le sociologue et le psychanalyste, et, dans leur sillage, certains philosophes herméneutes et phénoménologues, apportent également leur pierre à l'édifice de la connaissance rationnelle du football. Les spécialistes des sciences de l'humain s'adossent aux recherches de l'historien et à leur propre expérience des faits, pour dégager le sens que prend, dans les diverses sociétés, une pratique qui les touche toutes. À la question de savoir par quels processus historiques elle s'est constituée, ils ajoutent le problème de son statut, de sa place et de sa valeur dans la vie individuelle et sociale des êtres humains. La même tentation d'expliquer anime leur démarche. Elle leur tient lieu de point de ralliement, même si, pour eux, il s'agit avant tout de penser le vécu des sujets, plutôt que la réalité d'un objet. Une part de mystère revendiquée comme telle n'est donc jamais tout à fait absente de leurs analyses, qui se veulent néanmoins de part en part rationnelles.

Qu'est-ce que le football, à la lumière des sciences de l'homme ? On peut légitimement se demander si c'est un jeu, un sport, un divertissement, un spectacle, une industrie, un marché ou un produit de la vie collective comme un autre. N'est-il pas tout cela à la fois et, si oui, comment et pourquoi une telle confusion des genres a-t-elle été rendue possible ? Il convient d'interroger sa singulière popularité, pour savoir si elle obéit à une nécessité cachée. Le triomphe planétaire du football, mesurable en nombre de pratiquants (des dizaines et même des centaines de millions), licenciés ou non, et de téléspectateurs (des milliards), occasionnels ou réguliers, exclut-il, à l'échelle des sociétés et des nations, des poches de résistance et des *no man's land* ? Le cas échéant, n'y a-t-il pas des causes qui expliquent le fait que le football soit aimé presque partout et boudé, voire ignoré, en certaines contrées du monde dans lesquelles d'autres sports occupent le haut de l'affiche ? Bref, où situer le football dans le cadre des sociétés humaines et dans l'ordre des activités ludiques et sportives, qui ne sont pas considérées comme « sérieuses », au motif qu'elles sont improductives, récréatives et non contemplatives ?

Ces questions ne quittent que fort marginalement le milieu étriqué des cercles universitaires.

Dans tous les pays où le football est souverain, la logique des résultats et la chronique des informations à sensation (transferts de joueurs, valse des entraîneurs, nombre de buts marqués, places dans les différents classements, incidents de match, débordements et violences dans et autour des stades, dérèglements des marchés, frasques de stars plus ou moins puériles et responsables, etc.) monopolisent l'attention médiatique. Mais elles n'ont pas empêché des esprits ouverts et alertes de construire des réponses qui font réfléchir. Quitte à déranger les passionnés et à bousculer les réfractaires.

Ainsi, l'académicien Roger Caillois (1913-1978), proche de Georges Bataille et de Michel Leiris, avec qui il cofonda le Collège de sociologie, y consacra-t-il, en son temps, une somme théorique toujours très pertinente. Elle est sobrement intitulée *Les Jeux et les Hommes*. Ce texte de 1958 n'a presque pas pris une ride. Il pose la question de savoir ce qui caractérise les jeux dans leur diversité. Car le jeu en soi n'existe pas plus que le langage, la culture ou l'art en soi. Il en existe des formes et des pratiques très diverses, dont on peut tirer des traits communs et universels. Outre les idées d'aisance, de risque, d'habileté, de repos, d'amusement et de frivolité, Caillois pointe une tension essentielle en tout jeu. C'est celle qui prévaut entre une activité libre et la mise en œuvre de règles pour la contenir. Ces dernières sont l'esprit du jeu. Elles sont ce qui lui confère à la fois sa spécificité et son intérêt. Apprendre un jeu, c'est d'abord s'approprier les règles hors desquelles il n'existe pas. En cela, Caillois a raison de rappeler que, si le tricheur transgresse les règles, il les reconnaît du même coup et, en un sens, les respecte à son insu, paradoxalement.

S'appuyant sur les travaux de référence du grand spécialiste hollandais de l'histoire culturelle Johan Huizinga (1872-1945), auteur de *Homo ludus*, Roger Caillois cherche à produire une définition plus compréhensive du jeu que son illustre prédécesseur. Il s'efforce d'en intégrer le rôle civilisateur. Il entend aussi proposer une classification des jeux qui se veut plus complète, en partant du principe que si tout sport est un jeu, la réciproque ne vaut pas. Des travaux de Huizinga, il retient l'idée selon laquelle le jeu est une action libre, vécue comme fictive et qui n'appartient pas au champ de la vie courante. Dans son activité, le joueur s'absorbe tout entier, sans intérêt matériel, ni utilité vitale. Sa pratique a pour cadre un espace et un temps délimités par des règles précises. Elle suscite, par ailleurs, des relations collectives empreintes de mystère. C'est là l'un des points les plus intéressants de son analyse. Hélas, il ne le développe et ne l'approfondit pas vraiment.

Sans s'arrêter sur le sens de ce mystère, Caillois oppose au travail d'Huizinga une classification des jeux qui accorde une place de choix aux jeux de hasard. L'auteur de *Les Jeux et les Hommes* en tire une typologie féconde et dynamique. Elle se fonde sur des critères précis qu'il se garde d'opposer les uns aux autres. En tant qu'activité redéfinie par ses soins comme libre, séparée, incertaine, improductive, réglée et fictive, Caillois distingue deux pôles parmi les pratiques ludiques et il définit quatre rubriques principales dans le vaste champ des jeux humains.

D'un côté, reprenant le terme grec ancien *paidia*, qui signifie à la fois jeu et éducation, il fixe un premier pôle d'activités. Il concentre les notions de divertissement, de turbulence, d'improvisation libre, d'épanouissement insouciant et de fantaisie incontrôlée. C'est le jeu en tant qu'il est source de plaisir, d'épanouissement et de délassement. Il est vécu comme le moyen de rompre avec le cours ordinaire de l'existence, tant individuelle que sociale. Par lui, on peut sortir du quotidien et s'évader un temps du cadre répétitif des tâches imposées par la société.

De l'autre, il y a le *ludus* des Latins. Le terme est passé dans la langue moderne. Il renvoie aux idées de difficulté, de gratuité et de besoin de règles. Les activités ludiques sont celles qui délassent, mais aussi celles qui éduquent à leur manière. Elles ont, de surcroît, l'intérêt de proposer aux sujets individuels de relever des défis. Elles leur permettent de se fixer certains objectifs et de prendre un plaisir différent de celui qui est éprouvé dans les autres champs de l'activité de production.

À partir de là, on peut répartir, selon Caillois, les jeux humains en quatre séries distinctes de pratiques, qu'il nomme *agôn*, *alea*, *mimicry* et *ilinx*. Chacune a ses caractéristiques fondamentales. L'*agôn*, c'est la joute ou le combat en grec ancien. Dans l'usage moderne, le terme dénote la compétition entre des égaux. Ceux-là rivalisent d'habileté et de volonté, pour se départager dans une opposition loyale et réglée, dans laquelle c'est le meilleur, le plus valeureux et le plus habile qui est censé l'emporter sur son adversaire. L'*alea*, dont on retrouve l'usage, là encore, dans les langues modernes, consiste à placer tous ses espoirs dans un sort heureux. Ce n'est plus le joueur ou le compétiteur, mais le sort, soit le rapport imprévisible et contingent des circonstances et des agents entre eux, qui est le véritable auteur de la victoire ou la cause de la défaite. La *mimicry* signifie, en anglais, la tendance à imiter et à reproduire ce qu'on a sous les yeux. Elle relève des jeux d'imitation et d'illusion. Comme on peut s'y attendre, elle a partie liée avec le monde du spectacle, notamment avec le théâtre. Quant à l'*ilinx*, ce terme renvoie à la quête d'un vertige, ainsi que l'indique son sens premier. Il se donne pour finalité de suspendre l'équilibre interne et externe du joueur, afin de provoquer chez lui des sensations fortes, en rupture avec le caractère prosaïque de la vie. La recherche des grandes ivresses et l'usage des drogues n'y sont pas totalement étrangers. Les marathoniens et les « *iron men* » récemment apparus frôlent des états de ce genre par les seuls effets biochimiques de leurs efforts herculéens, comme l'étaient ceux de Milon de Crotone, le plus grand athlète antique.

L'intérêt de cette classification des jeux pour la question qui nous intéresse ici, celle du football comme sport populaire à rayonnement universel, est sa transversalité et son caractère non figé. En effet, un match de football tel qu'il se joue et se vit, aussi bien de l'intérieur qu'autour du terrain, est un concentré de tout cela. Il relève autant de l'effort de la volonté individuelle et collective, mixte de talent et de détermination, pour vaincre une autre volonté, que du coup de dés qui précipite en enfer ou au paradis l'équipe adverse et tout un peuple avec elle (la séance de tirs au but en est le parangon), de la parade festive aux accents parfois guerriers dont dépend la qualité d'un spectacle (des tribunes en fusion que plus rien ne sépare du jeu) que de la perte d'équilibre, qui fait basculer d'un côté ou de l'autre de la ligne de chance (le match qui s'emballe, les cœurs qui chavirent, les foules qui rient ou pleurent).

On peut toutefois regretter que Caillois ne prenne pas le temps de distinguer ce qui sépare le mystère de son parent proche, le secret. En affirmant que « cette activité [qu'est le jeu] s'exerce nécessairement au détriment du secret et du mystère », parce qu'« elle l'expose, le publie et, en quelque sorte, le dépense », il place sur le même plan deux ordres de dissimulation et deux formes de retrait. Le secret est la part de connaissance ésotérique que certains initiés gardent jalousement ; il correspond aussi à l'information que s'échangent entre eux deux individus à l'insu de leurs semblables (au-delà de deux, ce n'est plus un secret, dit-on). Rarement gardé entre deux

personnes seulement, il peut se percer et se révéler.
C'est bien ce qui fait son sel et son intérêt que d'être
pris dans cette dualité entre retrait et exposition,
dissimulation et révélation. Le mystère, quant à lui,
résiste à toute élucidation. Il n'entre dans aucune
case. Quand le mystère est révéré et se fait rite au
grand jour, on passe du jeu à l'institution, du divertissement au culte, souligne Caillois. Mais le football
n'est-il pas les deux à la fois ? N'est-ce pas cela précisément qui est le plus mystérieux dans l'engouement
qu'il suscite et qu'il ne vient à l'idée de personne ou
presque d'interroger pour ce qu'il est ?

Caillois n'ignore pas le statut singulier du football. Il le relie, en tant que sport de balle, à cette
dispute ancestrale du globe solaire entre deux
fratries antagonistes. Une telle joute s'inscrit dans
la tradition millénaire des pratiques rituelles. Mais,
en opposant strictement les jeux de fiction et les
jeux de règles, Caillois néglige le fait que le football
a pour spécificité d'être à mi-chemin entre le récit
et la loi, la fiction et la norme. Si le but du jeu est
le jeu lui-même, comment et pourquoi le football
est-il devenu le plus joué de tous les jeux ? N'est-ce
pas dû au fait qu'il est l'épopée d'une transgression
toujours possible et souvent réelle de la loi ?

Plus près de nous, un autre sociologue reprend
de volée le questionnement de Caillois, au fil
directeur de la popularité. Dans *Système des sports*,
l'éminent sociologue du travail et des loisirs qu'est
Paul Yonnet interroge les sens enchevêtrés de ces
concepts. Il montre comment le sport a institué un

nouvel « ordre social », à l'âge où les armées sont
devenues professionnelles, les églises des institutions sécularisées et le loisir l'autre visage du travail.
Son analyse a le mérite de prendre la question fron-
talement : comment expliquer, se demande-t-il,
que le football se soit développé et structuré aussi
rapidement, au point d'affirmer sa suprématie à
l'échelle mondiale ?

À cette question, Paul Yonnet répond sans
détour : la société du spectacle serait « le secret *sui
generis* qui permet de lui ôter facilement l'essentiel
de son mystère ». Critiquée en d'autres temps et
en d'autres termes par Guy Debord, cette société
est encore massivement dominée par la télévision,
malgré le succès croissant et le caractère désormais
incontournable d'Internet. La télévision continue de
concentrer le temps de loisir le plus important chez
la plupart de nos contemporains. Ils y consacrent
plusieurs heures par jour, surtout les tout jeunes
et les plus âgés. Or, si le football n'est pas toujours
pratiqué avec plaisir par ceux qui en font profession et qui en subissent toutes les contraintes sur
le plan personnel (c'est d'abord un métier, quand
on le vit comme une activité répétitive et comme
un gagne-pain, même très luxueux et privilégié), il
a été transformé en loisir de masse, qui se pratique
et se regarde. Le football est devenu un spectacle
médiatique comme un autre, mais avec la particularité d'être universel. Il se double par ailleurs d'un
récit fictionnel continu, qui joue un rôle de premier
plan dans son emprise et son ubiquité.

Mais, objectera-t-on avec raison, pourquoi le football plutôt que n'importe quel autre sport, puisque certains partagent avec lui de nombreux éléments communs ? Il n'y a là aucun mystère pour Yonnet. Ce dernier adopte sur la question une attitude rationaliste d'inspiration spinoziste. Elle consiste à chercher à comprendre, plutôt qu'à s'enthousiasmer ou à condamner. Il propose donc une bipartition des sports en deux systèmes cohérents et indépendants. Dans le premier, la rivalité des individus seuls ou en groupe conduit à une compétition entre les sportifs. C'est le cas de tous les sports dans lesquels se livrent des matchs au terme desquels il faut comptabiliser plus de points que son adversaire, comme le tennis ou le volley-ball. Dans le second, les individus, et plus rarement les groupes, n'entrent en compétition qu'avec eux-mêmes, comme dans le marathon.

Le football est le sport qui met en scène de la façon la plus spectaculaire la rivalité des « meilleurs égaux » entre eux. C'est également celui qui laisse la place la plus grande à l'incertitude. Il permet ainsi l'identification la plus forte des masses, selon Yonnet, créant par là même une solidarité, voire une soudure collective sans équivalent. À cela s'ajoute la dramatisation rendue possible par une tendance à l'injustice, qui vient renforcer la dimension spectaculaire de ce sport. Loin de s'appauvrir, comme le judo ou l'ancien *calcio*, en passant du statut de culture à celui de sport réglementé à l'anglaise, le football domine dans les sociétés dont il reflète le mieux les valeurs, à Naples comme à Marseille ou à Rio de Janeiro, et même à Bagdad, à Tokyo ou à Kaboul.

À cet égard, il n'est pas étonnant, à en croire Yonnet, que le basket-ball, le football américain, la boxe dite « anglaise » et le hockey sur glace dominent largement aux États-Unis. Dans cette nation-monde, le football d'origine européenne ou continentale reste à la marge. Il ne brille là que dans sa version féminisée ou à travers une ligue professionnelle masculine encore très peu rayonnante au-delà des frontières du pays, qui recycle les stars planétaires issues des grands championnats mondiaux en fin de carrière. Ces sports dominants aux États-Unis et au Canada, dont certaines franchises de club sont à présent croisées, comme en NBA (la ligue de basket-ball nord-américaine), ont une singularité. Ce sont tous des sports violents, très réglés, dirigés par une batterie d'arbitres de champ, comprenant des interruptions multiples et avec une très forte comptabilité, pour assurer le spectacle. Par l'ensemble de ces caractéristiques, ils manifestent ce qui a longtemps prévalu dans un pays dont l'imaginaire fut marqué par le pistolet, la potence, les dollars et le bon Dieu, plutôt que par la force du droit et l'autorité de la loi humaine. D'où la difficulté, bien soulignée par Yonnet, des sports nord-américains à se mondialiser et à faire barrage à l'arrivée d'autres sports venus d'ailleurs, qui s'appuient sur les mêmes principes civilisationnels. Ici, le spectacle tend à prendre le pas sur le jeu en tant que tel. Voyons pourquoi le football ne s'y réduit pas.

Plus un sport est un jeu, privilégiant la tension sur la performance, la rivalité sur la hiérarchie, plus l'arbitrage y est contesté. Parallèlement, moins les règles y sont appliquées de façon stricte, plus l'incertitude y est grande et l'intensité portée à son comble. Tel est le football. Il est, avec le cyclisme, l'athlétisme et le basket-ball (très présent et même dominant aux États-Unis), le modèle d'un « sport parfait », au sens où il instaure un culte de la mesure et où il élimine la part de hasard qui n'appartient pas en propre à la compétition elle-même. S'il l'emporte donc à l'échelle mondiale sur ces autres sports très populaires, c'est, selon Paul Yonnet, par le fait que le football ne se contente pas d'être un sport au sens d'un jeu ; il est aussi un « sport-sport » et un « sport-spectacle ». Il cumule tous les mérites et toutes les vertus, entendues de façon non morale, de ces divers domaines de l'activité humaine. Le football permet l'identification, attise la rivalité, organise l'incertitude, laisse une place à l'injustice, rationalise la compétitivité, n'ignore rien des vertus égalitaires de l'exigence démocratique, se joue avec des règles, tout en permettant de se jouer d'elles ; il limite le score, de sorte à rendre chaque réussite enthousiasmante et spectaculaire. Tels sont les ingrédients qui font la recette de son succès universel.

Inscrit dans la complexité des sociétés et dans le réseau des valeurs qui les rendent à la fois parentes et singulières, le football n'aurait donc rien de mystérieux, aussi bien pour Caillois que pour Yonnet. Tous ses secrets apparents se perceraient à la lumière des sciences de l'homme. En lui et autour de lui, tout s'expliquerait à qui voudrait faire usage des bons instruments théoriques. Il ne serait que le produit très concentré des aspirations humaines les mieux partagées et l'expression socio-anthropologique la plus adaptée des besoins de nos contemporains.

Pour éclairantes qu'elles soient, ces explications ont un seul défaut. Elles rendent moins compte du football comme pratique accompagnée de sens et créatrice de valeurs pour ceux qui le pratiquent et le regardent, que comme effet causalement déterminé de structures sociales qui l'englobent et produisent mécaniquement les raisons de sa popularité. Il n'est pas sûr du tout que ce soit du football qu'il soit question, là où « l'ordre du sport » pensé par Yonnet et la « société du spectacle » dénoncée par Debord sont l'alpha et l'oméga d'une approche purement positiviste et rationaliste.

À ces éclairages anthropologiques et sociologiques, on peut ajouter deux autres approches de la question des jeux humains et de ce qui, spécifiquement, peut rendre raison de l'avènement du football comme sport-roi : celle des psychanalystes, d'une part, et celle de certains philosophes intéressés par la question spécifique du jeu, d'autre part.

Des travaux des psychanalystes, on évitera de ne retenir que les caricatures d'explication, ou plutôt d'interprétation, qui sont généralement colportées de leurs pratiques théoriques. Peut-on sérieusement réduire de façon simpliste et figée la quête du ballon au Désir que l'enfant éprouve pour une Mère dont il dispute la possession au Père ? L'interdiction de le toucher avec les mains renvoie-t-elle à un interdit archaïque et à une sorte de *tabou*, pensé par Freud comme la crainte liée à la confrontation avec l'impur ? Et la joie prise à marquer des buts sous l'effet d'une action collective n'est-elle que l'expression pulsionnelle du désir irrépressible de s'emparer du sexe féminin et de le pénétrer ?

À ces simplifications, on préférera les analyses plus fines du psychiatre et psychanalyste américain Donald Woods Winnicott (1896-1971). On retiendra notamment celles qu'il développe dans *Jeu et Réalité*. Celui qui considérait que le travail du thérapeute consiste avant tout à rendre le jeu possible s'est particulièrement intéressé, comme Mélanie Klein, quoique dans un style différent et dans un autre contexte, à la manière qu'ont les enfants de jouer. Face à des jeunes êtres en souffrance, le but est d'abord pour lui de les rendre *capables* de jouer, comme il parle ailleurs de la « capacité à être seul ». Pour cela, il faut rétablir en eux cette part de préoccupation et ce pouvoir de retrait qui rendent le jeu possible et qui en constituent les caractéristiques essentielles.

À quoi ressemble donc un petit d'homme quand il joue ? Où se trouve-t-il, au juste, dans le monde ? Occupe-t-il un temps et espace qui sont ceux de la vie pratique ordinaire ? À ces questions, Winnicott répond que « l'enfant qui joue habite une aire qu'il ne quitte qu'avec difficulté, où il n'admet pas facilement les intrusions ». Il n'y a pas de jeu sans aire de jeu et donc sans un lieu qu'il faut préserver des assauts de l'extériorité. On ne s'ouvre et on ne s'expose pas à celle-ci sans rompre un équilibre et une harmonie toujours fragiles. Mais le mystère, c'est ici que l'espace dont il est question n'est ni totalement interne au sujet en construction, ni tout à fait constitué de façon objective dans le monde extérieur. Outre cela, le jeu présuppose et instaure d'un même geste un rapport au temps qui n'a rien de simple ni de clair, puisqu'il n'est ni au-dedans ni au-dehors, donc ni purement subjectif ni véritablement objectif. Le jeu suspend ainsi mieux que toute autre activité humaine notre représentation vulgaire du temps et de l'espace, dont les philosophes ont montré à la fois les apories et l'intrication mutuelle. Jouer, c'est d'abord, pour cet « être-là » (*Dasein*) qu'est l'homme, au sens heideggerien, se faire être dans le monde et au milieu des autres dans l'horizon du « souci ». Tout cela implique une ouverture toujours un peu inquiétante à l'avenir.

Si jouer, c'est (se) faire, comme le rappelle Winnicott, c'est (se) faire quoi et comment, très concrètement ? Pour l'enfant, jouer consiste à inscrire une action dans le mouvement précaire de rapports magiques entre les phénomènes et les êtres. Excitant par nature, le jeu ne repose pas sur la seule économie des instincts. Il renvoie à une précarité réciproque entre la réalité psychique personnelle de l'individu et l'expérience qu'il développe pour prendre le contrôle des objets réels. Jouer, c'est donc prendre place dans le monde, en se créant une place et un temps propres à soi, qui n'existent, une fois encore, *stricto sensu* ni au-dehors, ni au-dedans. Il ne s'agit pourtant pas seulement de créer, mais bien aussi de détruire. Dans le mouvement dialectique qu'est tout jeu, « l'objet est toujours en train d'être détruit. Cette destruction devient la toile de fond inconsciente de l'amour d'un objet réel, c'est-à-dire un objet en dehors de l'aire de contrôle omnipotent du sujet ». Le mot est lâché : jouer, c'est contrôler. Ce n'est pas seulement vouloir s'insérer dans le monde, ni agir sur les choses ou les autres. C'est aussi vouloir littéralement prendre le contrôle des objets qui le composent, des rapports qui s'y nouent et des émotions qu'une telle activité suscite en nous. Au football, comme dans tous les jeux de balle, le contrôle de la balle, des positions de chaque joueur et de l'aire de jeu elle-même a, bien évidemment, un rôle prépondérant. Même si contrôler la balle ne veut pas dire l'arrêter, ni même la posséder, notamment sous l'effet des dernières formes d'organisation du jeu au football.

Tel est le terrain mystérieux du jeu. C'est ainsi que l'on pourrait nommer ce plan « intérieur-extérieur ». Il a pour propriété d'être toujours susceptible de devenir effrayant ou hostile. Il ouvre par là un accès privilégié au vécu de l'enfant. Le jeu est le terrain thérapeutique par excellence, puisqu'il n'est pas seulement le moyen par lequel on soigne un être depuis une position extérieure à lui. C'est aussi la médiation avec soi-même dont l'individu, en construction ou parvenu à maturité, dispose comme d'un processus thérapeutique en soi. Jamais un être n'est autant en mesure de dire qu'il « *se* soigne », dans tous les sens du terme, que lorsqu'il joue. C'est pourquoi les « *games* », tels que les définit Winnicott, sont ces activités qu'on organise dans le « but de tenir à distance l'aspect effrayant du jeu [*playing*] ». Telle est la démarche du thérapeute qui se révèle ici comme l'expédient ou le médiateur par lequel un être s'approprie son propre vécu et les contradictions qui l'accompagnent.

À sa manière, le football incarne singulièrement bien ces catégories et ces finalités du jeu winnicottien. Il repose avant tout sur le désir de contrôle, qui a pour obscur objet le ballon. Mais contrôler le jeu dans ce sport, c'est plus et autre chose que contrôler un objet rebondissant. C'est, plus largement, prendre possession d'un espace, des relations qui s'y nouent, du rythme des échanges et des opérations qui s'y déroulent, de sorte à en organiser la maîtrise – ou, mieux, l'animation. Une telle caractéristique n'est sans doute pas pour rien dans la popularité universelle du football. Elle n'a pourtant rien de simple, puisqu'elle porte en elle une contradiction elle aussi séduisante et envoûtante. Comme le rappelle Winnicott, « quand un organisateur est amené à diriger le jeu, cela implique que l'enfant ou les enfants sont incapables de jouer au sens créatif où (il) l'entend ici ».

Force est de constater que, placé sous l'autorité d'un adulte qui l'éduque et l'entraîne, l'enfant
jouant au football ne sait pas bien à quoi il joue,
ni pourquoi il joue et encore moins pourquoi il
se laisse attribuer telle ou telle place dans le jeu.
Chaque fonction occupée dans le jeu correspond à
des devoirs et à des obligations, à des contraintes et
à des possibles en rapport direct avec le poste qu'il
consent, plus ou moins de bonne grâce, à occuper.
Or, tous les postes ne sont pas à proprement parler
créatifs, ni de prime abord passionnants, loin s'en
faut. Il y a des rôles qui sont purement dissuasifs
et destructifs, comme lorsqu'il s'agit, de façon
assez ingrate et peu divertissante, de suivre partout
un joueur créatif en le « marquant à la culotte »
ou de sacrifier toute velléité offensive aux seules
exigences de la relance du jeu et de la préserva-
tion d'un bloc défensif jouant strictement en zone,
à la manière des « porteurs d'eau ». Mais les enfants
trouvent toujours le moyen de créer et d'inventer,
quelle que soit la situation.

C'est pourquoi il convient, préconise Winnicott,
de les surveiller sans entrer dans leurs jeux. Il faut
se garder de prétendre contrôler ce qui touche chez
l'enfant à ses efforts pour prendre le contrôle de ses
propres émois. On veillera donc à le laisser choisir
son sport, à lui permettre d'y occuper librement les
rôles qu'il a envie d'y endosser et à lui reconnaître
le droit de le pratiquer à son rythme et au niveau
qu'il souhaite. On ne s'étonnera pas, surtout, de
constater que, face au spectre des multiples activités

sportives qui s'offrent à lui, il jette son dévolu sur le plus commun et le plus pratiqué de tous. Génération après génération, le football reste très présent dans les cours de récréation et au bas des immeubles. Il y a là un mystère qu'aucune explication rationnelle ne pourra définitivement lever.

Pour clore ce chapitre, de telles analyses savantes peuvent être prolongées par les réflexions de certains représentants de la philosophie. Ils appartiennent à deux courants majeurs de la pensée contemporaine : la phénoménologie et l'herméneutique. Ils ont en commun de mettre en évidence, en dépit de ce que nous savons du jeu par un savoir vécu ou réflexif, la part de mystère qui résiste à toute objectivation rationnelle.

Le phénoménologue allemand Eugen Fink (1905-1975) est l'auteur d'un ouvrage qui doit autant à Heidegger qu'à Héraclite et à Nietzsche. Il s'intitule *Le Jeu comme symbole du monde*. Fink y écrit que si, dans la « hiérarchie des choses humaines », le jeu occupe une « place apparemment insigni-fiante », il nous faut nous demander ce qu'est le jeu « au-delà de l'enfance ». Cet « au-delà » dure, il est vrai, toute la vie, bien qu'on soit de son enfance « comme d'un pays », ainsi qu'aimait à le rappeler Antoine de Saint Exupéry. Ceux qui aiment le foot-ball, parce qu'ils y ont joué enfants et qu'ils conti-nuent à regarder des matchs, à suivre les résultats chaque semaine, voire à supporter leur équipe de toujours, savent de quoi il retourne. Du moins le croient-ils, comme tous qui ceux s'adonnent à un jeu, en pensant savoir ce qu'ils font en le pratiquant. Comme le suggère Fink, si « nous ne sommes pas capables d'énoncer et de formuler en des concepts précis le pré-savoir inhérent à la connaissance que nous avons du jeu », il y a à cela une raison assez simple : c'est que « ce phénomène qui se tient plus ou moins en marge de l'existence offre une résistance surprenante à une intellection conceptuelle, dès qu'on tente d'analyser ses structures ».

Par son expérience personnelle ou son observation quotidienne du monde humain environnant, chacun de nous a une connaissance effective et directe du jeu, reconnaît volontiers Fink. Mais c'est pour mieux faire luire « l'éclair de l'étonnement » et accueillir comme elle doit l'être notre « mystérieuse stupeur ». Car il y a effectivement de ces choses – comme la mort, le temps ou l'amour – dont l'homme, dès lors qu'il en construit la réflexion philosophique, et alors même que ce sont des phénomènes qu'il a quotidiennement sous le regard, « devient non pas plus savant, mais au contraire plus ignorant ». Il se trouve sans cesse « rejeté dans une ignorance qui le bouleverse et l'épouvante ». Face au jeu dans sa « signification mondaine » et dans sa « transparence cosmique », nous découvrons notre savoir antérieur comme « inconsistant » et « acculé à une pauvreté qui sait qu'elle ne sait pas ». À la manière de Lilian Thuram, le doigt posé sur la bouche après les deux seuls buts de sa carrière en bleu inscrits lors de la demi-finale victorieuse de 1998, au Stade de France, contre la Croatie, nous nous retrouvons comme interdits face à l'énigme de sphinx en présence de laquelle le football semble nous placer. Comme si, contre toute attente et au-delà de tous les efforts des diverses sciences pour le rationaliser, il y avait là « un jeu qui peut, dans une mesure essentielle, nous donner une interprétation de la philosophie ». Et si le football, précisément en tant que mystère et occasion d'étonnement, révélait une puissance de questionnement plus grande que celle de la pensée conceptuelle elle-même ? La chose reste à explorer.

Quant au grand spécialiste de l'herméneutique, le philosophe allemand Hans Georg Gadamer (1900-2002), il nous livre, lui aussi, principalement dans *Vérité et Méthode*, un certain nombre de clés pour pénétrer plus avant dans l'interrogation critique et réflexive sur la notion de jeu. Pour Gadamer, comme pour Fink, le jeu n'est pas étranger au champ de la philosophie. Dans sa réflexion, Gadamer part de l'opposition du jeu et du sérieux. Il montre, d'abord, que le « pur jeu » ne saurait être sérieux, dans la droite ligne de l'analyse aristotélicienne du jeu comme ce qui se pratique « en vue du délassement », soit comme loisir et comme activité privée de toute utilité. Mais Gadamer ajoute aussitôt qu'il y a également un caractère sacré du jeu et que ce sacré est spécifique. De quoi retourne-t-il dans cette sentence ?

Gadamer entend par là que, si celui qui joue à un jeu sait pertinemment qu'il ne s'agit que d'un jeu, c'est malgré tout pour lui, du moins s'il s'y

adonne de façon sincère et complète, une « affaire
sérieuse ». Il y a même des contextes, sans doute
plus nombreux qu'on l'imagine, dans lesquels « qui
ne prend pas le jeu au sérieux est un trouble-fête ».
Car le jeu a aussi une dimension sociale et collective, même quand il s'agit d'un jeu qui se joue seul,
comme un sport dit « individuel », par exemple.
Pour le joueur, quel qu'il soit et indépendamment
de la nature de son activité, voire du sens conscient
qu'il lui attribue, le jeu est tout sauf un objet qu'il
pourrait tenir pour extérieur à son être.

Jouer au football, ce n'est pas ainsi être soi, d'une
part, et s'adonner au football, d'autre part. Non,
c'est littéralement et intégralement *devenir footballeur* – au milieu d'autres footballeurs qui en font
autant, puisque c'est un jeu de part en part collectif.
Ici, jouer, c'est moins faire ce que l'on est qu'être ce
que l'on fait, au point de se confondre avec une activité dont on ne se distingue jamais en tous points.
Mais est-ce à dire que l'on saurait énoncer ce que
l'on est, quand on « est joueur » ? Faut-il en déduire
qu'on pourrait expliquer rationnellement et méthodiquement à quoi l'on joue et pourquoi on le fait ?
Rien n'est moins sûr. Comme le rappelle Gadamer,
« le joueur sait quel est le jeu, il sait que ce qu'il fait
n'est qu'un jeu, mais il ne sait pas ce "qu'il sait" ».
Il y a dans le jeu un mystère spécifique qui veut
que la réponse sur « l'essence du jeu » ne soit jamais
« à attendre du joueur lui-même ». Jouer, qu'est-ce
donc ? C'est être ce que l'on fait, sans ignorer qu'on
le fait et sans savoir ce que l'on fait. Chacun ne peut

que se reconnaître dans ce portrait paradoxal du joueur en savant ignorant.

Ni objet, ni sujet du jeu, le joueur n'en sait pas plus sur ce qu'il fait que ceux qui le regardent jouer et restent extérieurs au jeu. Le chat jouant avec la pelote de laine joue autant avec elle qu'elle joue avec lui, glisse malicieusement Gadamer. Ce dernier s'efforce, après tant d'autres, de fournir une explication rationnelle à « la popularité immortelle du jeu de balle ». De fait, celle-ci ne se limite pas au monde des hommes. Gadamer avance l'hypothèse selon laquelle cette fascination est « fondée sur la mobilité fondamentale de la balle », qui « tire d'elle-même toute la surprise du jeu ». Ceci est vrai pour l'être humain comme pour le chat. Mais c'est pour rappeler aussitôt que le primat du jeu sur les joueurs est connu des joueurs mêmes. Leur savoir n'est jamais une science objective, ni disponible, ni transmissible. On ne peut faire le constat que d'une coappartenance vécue entre le joueur et son jeu. Mais, en jouant au football, n'en apprend-on pas un peu plus que les autres sur ce qu'il est et, au-delà, sur soi-même ? L'expérience n'est-elle pas ici, en bonne logique empiriste, le commencement et la condition d'une connaissance ?

Chaque jeu est porteur d'un esprit particulier. Leur variété ouvre une grande diversité d'états d'âme. Cette diversité n'est toutefois que la conséquence, et non la cause, de la multiplicité des activités ludiques. On ne choisit pas un jeu comme on ferait un choix délibératif et rationnel, tel qu'Aristote en a posé le principe avec la « *proai-résis* », pivot de son éthique de la prudence. Cela supposerait, encore une fois, une extériorité de fait entre le joueur et le jeu. Or, tel est le mystère de l'« espace du jeu », que d'être mesuré « de l'inté-rieur par le jeu lui-même », de sorte que c'est peut-être moins nous qui choisissons le jeu, ou le jeu qui nous choisit, que le jeu qui rend possibles, à partir de lui seul, des choix qui ne seraient pas conce-vables hors de lui, ni indépendamment de lui.

Il n'y a pas vraiment de sens à penser que nous choisirions volontairement de jouer au football, au tennis ou à quoi que ce soit d'autre. Ce n'est que parce que nous avons toujours déjà commencé d'en faire que nous décidons que ce que nous faisons en y jouant correspond à ce que nous voulons faire et, par conséquent, être. On observera d'ailleurs qu'il y a des sports dans lesquels on ne dit pas du tout que l'on joue, comme les sports de combat. On « fait » de la boxe ou on « fait » du judo ; on n'y *joue* pas. Sans doute qu'ici la confusion entre l'être et le faire est si profonde qu'elle modifie radicalement le rapport que l'on entretient avec l'existence et le monde.

Paradoxalement, en jouant, nous nous libérons, pour Gadamer, des conduites ordinaires de la vie. Elles sont orientées vers des buts définis et valorisés par un contexte social et politique. Nous ne défi-nissons pas ainsi seulement, depuis le cœur de cette activité, des fins dont le jeu serait la représentation. C'est le jeu en tant que tel qui est représentation et

qui peut avoir pour objet de représenter. Or, représenter, c'est toujours représenter *pour quelqu'un,*
dans l'esprit de Gadamer. Ce qui pose une question : à *qui* s'adresse-t-on quand on joue ? Le jeu
n'illustre-t-il pas notre propension au *Mit-Sein*, à
cet « être-avec-les-autres », cher à Heidegger et aux
phénoménologues ?

Sur ce point, on peut difficilement suivre
Gadamer jusqu'au terme de son analyse pour
rendre compte du football. Quand il affirme que
les jeux ne s'adressent pas aux spectateurs et que,
lorsque ceux-ci deviennent de purs spectacles, ils
perdent leur caractère de compétition, il ignore
deux dimensions fondamentales de ce sport. Certes,
les enfants jouent d'abord entre eux et essentiellement pour eux-mêmes. C'est un fait. Bien sûr
que le but n'est pas toujours d'entrer en compétition, mais souvent simplement de jouer et de faire.
Sauf que le football a la particularité d'être un jeu
dans lequel être vu est décisif. Il suffit d'écouter
les gamins qui s'inventent des stades pleins au
bord de chemins déserts et des tribunes bondées
au fond des arrière-cours peu fréquentées de leur
immeuble pour se convaincre que Gadamer n'a
pas dû beaucoup produire, ni entendre, ce genre
de logorrhées vitales au footballeur, même le plus
humble et le moins sociable.

On peut, en revanche, accorder à Gadamer le
mérite d'essayer de penser ce qui est problématique dans les jeux et ce qui interpelle l'esprit qui
veut les saisir. Il n'ignore d'ailleurs, en réalité, rien

de l'importance du spectateur dans le jeu. Celui-ci vient, selon lui, clôturer et accomplir le jeu en y assistant. Sur ce point, le jeu est bien une « réalité qui dépasse celui qui l'éprouve » et il se transforme en représentation pour le spectateur. À la différence du théâtre, le football n'est pas simple représentation d'une action qui est mimée, dite ou rendue présente en son retrait. Le jeu qui a pour nom football intègre joueurs et spectateurs à un même ensemble qui a pour nom stade. Dans ce cadre, se crée une communion qui n'a pas d'équivalent.

4.
Au laboratoire ses lois secrètes

La Coupe du monde organisée en Suède en 1958 a marqué un tournant décisif dans l'histoire du football. Elle ne fut pas seulement illuminée par le génie du tout jeune Pelé. Le natif de Três Corações y conduisit avec éclat son pays à la première victoire d'une longue série. Inégalé à ce jour, le compteur brésilien affiche cinq victoires depuis le dernier sacre, qui remonte à 2002, au Japon et en Corée du Sud. Cette compétition organisée à la fin des années 1950 en terre scandinave ne fut pas non plus rendue mémorable par la seule prolixité du canonnier hexagonal Just Fontaine, auteur du record toujours valide du plus grand nombre de buts, treize au total, inscrits dans une même phase finale. De cette compétition, on retiendra plutôt deux petits faits apparemment anodins. Ils en disent pourtant long sur la révolution qui commença alors de s'opérer.

La défaite cauchemardesque subie à domicile par la Seleção, au Maracaña de Rio de Janeiro, sorte de temple du football, en finale de l'édition 1950, devant plus de deux cent mille spectateurs abasourdis, avait plongé le pays tout entier dans un état de deuil et de mélancolie qu'on a peine à s'imaginer. Quatre ans plus tard, l'élimination précoce, dès les quarts de finale de la même compétition, en Suisse, fut comme la réplique du séisme national. Les Brésiliens en tirèrent les conclusions qui s'imposaient. Ils furent les premiers à faire le choix d'intégrer un psychologue à leur personnel technique et de l'emmener dans leurs bagages sur les terres de Strindberg et de Nobel. Ils piquèrent alors la curiosité de tous les concurrents de la sixième édition de la Coupe du monde. Ils parvinrent surtout à surmonter leurs traumatismes, puis à s'emparer du Graal des rectangles verts. Sur leur chemin, ils durent pour cela battre en demi-finale une fringante équipe tricolore sur le score de cinq buts à deux. Avec un triplé du gamin Pelé, côté *auriverde* et deux buts de Just Fontaine et de Roger Piantoni, côté tricolore.

Quatre ans après, au Chili, en 1962, les Anglais innovèrent à leur tour en mobilisant un médecin à plein temps pour suivre au quotidien leurs joueurs. Les inventeurs du *dribbling game* durent toutefois attendre d'organiser le tournoi chez eux, en 1966, pour soulever le trophée tant convoité, avec Gordon Banks dans les cages, les deux Charlton,

Bobby dans l'entrejeu et Jacky en défense, et le grand Bobby Moore, *alias* Robert Frederick Chelsea Moore, à la baguette en défense centrale. L'intégration d'un toubib permit un accompagnement personnalisé de chaque joueur. Elle évita sans doute des blessures qui auraient pu faire obstacle à la victoire britannique.

Ce furent là deux éléments nouveaux, qui ne trompèrent pas les plus fins observateurs : quelque chose était en train de se produire au cœur de la planète football. Son paysage s'en trouva durablement modifié et son orbite déviée de quelques degrés, dans un univers en pleine expansion rationnelle. Au cours des années qui suivirent, le ballon rond tendit, en effet, à devenir sinon une chose qu'on pense à la manière des philosophes, du moins un objet digne d'étude et d'application de la science. Après avoir détrôné la boxe, la gymnastique et le cyclisme sur le podium de la popularité sportive, le lointain rejeton de l'*harpastum* et du *calcio* fit son entrée au laboratoire des curiosités humaines. Engagé dans la course aux résultats et saisi de la passion des victoires, il eut enfin l'heur de retenir l'attention des savants. Crédités de la capacité de produire les perfectionnements et les améliorations escomptés, ils ne tardèrent pas à pointer leur museau. Et la face du foot en fut changée.

En à peine deux décennies, entre la fin des années 1950 et le milieu des années 1970, tout ou presque allait évoluer à grande vitesse, sans qu'aucun retour en arrière fût désormais concevable. La préparation athlétique et mentale des joueurs, l'organisation tactique des équipes, la conception des ballons et des tenues en furent modifiées de façon irréversible. De même, l'analyse du jeu s'élargit au traitement de toutes les données : passes, tirs, trajectoires, vitesses et angles de frappe, temps de jeu individuel et collectif, zones de possession et types de conservation du ballon, efficacité des dribbles, rendement de chaque joueur, etc. Tout était, dès lors, voué à passer sous le radar des caméras et des dispositifs expérimentaux en tous genres. En l'espace de quelques années, la science du football venait de naître, même si elle allait connaître une période de latence ou d'hibernation, avant de devenir ce champ stable et cohérent de recherches qui figurent à présent au programme conjoint des plus grandes institutions scientifiques mondiales et des centres de formation des grands clubs du gotha footballistique.

Les révolutions scientifiques ont ceci en commun avec les révolutions politiques de survenir brutalement et de produire des effets qui se font ressentir de façon parfois lente, mais inexorable, sur les générations qui suivent. Ce qui rend possible une révolution, c'est une modification en profondeur de la compréhension de la réalité. En sciences, elle devient possible, quand on cesse de se contenter de l'expérience sensible et immédiate et qu'on se donne les moyens d'interpréter ce qui se produit au-dessous ou au-delà de la perception humaine. Penser, c'est toujours penser contre, rappellent en chœur les philosophes Gaston Bachelard et Alain, en dépassant une évidence tirée de nos sens, en suspendant un préjugé issu de notre éducation ou en intégrant un fait polémique à une théorie plus compréhensive.

Quand on commença à se poser les bonnes questions et à considérer les faits de jeu comme des phénomènes soumis aux lois de la nature, nombre de réponses bricolées à la hâte ou produites par l'effet cumulé de l'illusion de nos organes perceptifs et de la paresse de notre raison cessèrent d'être satisfaisantes. Il fallut en construire d'autres plus fermement établies, afin d'accompagner l'essor prodigieux d'un sport qui suscitait tant d'attentes et ne devait connaître aucune limite à son expansion planétaire.

Dans ce processus d'élaboration théorique, la science du football a connu son tournant majeur à l'orée des années 1960. C'est alors qu'elle commença à intégrer de façon systématique les statistiques dans la compréhension de ce qui se produit dans un match de haut niveau. Il y eut un avant et un après cette période. S'ouvrit alors une ère nouvelle, dont ont résulté tous les bouleversements survenus entre l'époque des glorieux Puskas, Pelé, Eusebio, Charlton et celle qui se profila à l'orée des années 1970 et, plus encore, des années 1980, avec la rationalisation progressive et intégrale du football. Les quarante dernières années n'ont fait qu'accentuer toujours davantage les tendances qui se sont dessinées alors, au prix d'une modification radicale de tous les compartiments d'un jeu devenu un sport de très grande intensité, avec des exigences athlétiques, techniques et tactiques extrêmement élevées.

L'approche scientifique du football a une histoire sur laquelle il convient de s'arrêter quelque peu, afin de prendre la mesure de ses ultimes et décisives transformations, dont les acteurs du temps présent sont les héritiers plus ou moins directs. Elle plonge ses racines dans les tout premiers temps de la création du football, au xixᵉ siècle. Elle n'en affecta pas immédiatement le cours historique, ni l'organisation concrète. Le processus de son développement a requis le temps long de l'histoire, avec des bonds en avant, des phases de stagnation et des régressions parfois spectaculaires. Dès le milieu du xixᵉ siècle, alors que les règles du jeu s'établissaient non sans conflits ni palabres, dans les arrière-salles des *pubs* britanniques, entre 1837 et 1863, certains esprits curieux commencèrent à interroger des phénomènes en apparence simples.

Ce furent d'abord le mouvement et la trajectoire du ballon qui occupèrent les esprits. La science dite « dure », la physique, se pencha notamment sans attendre sur une contre-vérité qui demeure encore aujourd'hui solidement ancrée dans les croyances populaires. Contrairement à ce que les plus aguerris des footballeurs et les spectateurs les moins distraits présentent comme une évidence, on démontra qu'un ballon qui fuse n'accélère pas, puisqu'il entre en contact avec le sol et qu'il y laisse nécessairement, par divers frottements, une part non négligeable de l'énergie qui lui permet de se mouvoir. Parallèlement, on interrogea plus scrupuleusement et méthodiquement la façon qu'a le ballon de se déplacer dans l'air, et notamment de tourner sur lui-même, en produisant des effets plus ou moins prédictibles par les acteurs du jeu. Au premier rang de ceux-ci, figurent les gardiens de but, mis à rude épreuve au moment d'un coup franc ou d'un penalty.

Pour l'anecdote, l'invention du penalty est l'œuvre de l'Irlandais Mac Crum. Elle figure au titre de la quatorzième règle du football. Elle a été établie le 2 juin 1891. En des temps où un certain Arthur Ignatius Conan Doyle, de son nom complet de naissance, défendait la cage du petit club de Portsmouth, avant d'étudier la médecine et d'imaginer les enquêtes du détective le plus connu de la planète, la légende veut qu'il fût de bon ton pour les gardiens de bonne éducation d'alors de laisser filer le ballon dans la cage pour ne pas entraver la réparation d'une faute grave. Ce n'est que bien plus tard que le fait d'arrêter un penalty devint la marque de fabrique de tout portier digne de ce nom. Digne successeur du grand portier ibère Ricardo Zamora, qui garda la cage espagnole entre 1920 et 1936 et qui conquit, dit-on, le cœur de Staline lui-même, Lev Yachine, seul goal à ce jour et premier joueur soviétique à avoir obtenu le Ballon d'or en 1963, est connu pour en avoir bloqué quelque cent cinquante – et pour avoir livré près de deux soixante-dix matchs sans encaisser le moindre but. N'est pas Dieu, sur Terre et bien au-delà du pays des Soviets, qui veut. On ne revit jamais un météore du même acabit garder une cage aussi longtemps inviolée, pas même son brillant cadet et compatriote, le royal Rinat Dassaev, lui aussi titulaire incontesté de la formation soviétique haut de gamme des années 1980.

Mais revenons à nos cracks de laboratoire. Ils venaient, sans le savoir, d'ouvrir une boîte de Pandore. Elle ne devait plus jamais se refermer, révélant aux esprits curieux mille difficultés dont dépendrait l'évolution à venir du football vers sa forme hyper-intense actuelle. On peut recenser brièvement les principales difficultés en question. Chacune d'entre elles prit d'abord la forme d'un problème théorique enchâssé dans des questions patiemment élaborées et pour partie résolues. Sans prétendre à aucune forme d'exhaustivité, voyons quels furent pour nos esprits curieux de tout les principaux obstacles intellectuels.

Quels sont le poids et la taille idéaux d'un ballon de football pour qu'il emprunte des trajectoires sûres et déterminées volontairement par l'auteur d'un tir ? Comment un ballon se déplace-t-il dans l'air ? Y a-t-il une recette ou une méthode pour le brosser (au tennis, on dirait le lifter) le plus efficacement ? Que se passe-t-il quand on le frappe avec la tête, dont l'usage fut d'abord proscrit, le poing (réservé au gardien de but, évidemment) et le pied (commun à tous les joueurs de champ, goal compris) ? Existe-t-il une façon plus efficace que toutes les autres de le renvoyer au loin avec puissance et précision ? Quelle est la meilleure façon d'exploiter le ballon ? Est-ce en le conservant par un jeu de passes, en privilégiant les actions individuelles par des dribbles ou en le projetant systématiquement le plus proche possible de la cage adverse, dans l'espoir de se créer une occasion de but ? Existe-t-il une tactique plus performante que toutes les autres et dont on peut tirer un système de jeu qui immunise contre la défaite, en garantissant non seulement de ne pas perdre, mais de l'emporter dans tous les cas ? À quoi ressemblerait une équipe idéale ? Qu'exigerait-elle de chaque joueur dans un système optimisé en tous ses paramètres ? Dans quelle direction et avec quels matériaux faut-il faire évoluer les équipements, les tenues mais aussi les divers ustensiles, comme les gants, les chaussures ou les protège-tibias, ou encore les installations sportives, comme les terrains et les surfaces, pour améliorer les conditions de jeu et favoriser les exploits des joueurs ? Quelles sont les avancées en matière de diététique, de préparation athlétique et de récupération, qui ont vocation à optimiser le rendement individuel et collectif des footballeurs ? Quels outils psychologiques sont disponibles pour renforcer la capacité mentale des joueurs à affronter les grandes compétitions et à ne pas manquer les grands rendez-vous d'une carrière ou d'une saison ? Y a-t-il, enfin, un âge idéal pour jouer au football et pour accomplir des exploits prédictibles ?

En se laissant poser ces questions et en inté-grant à sa pratique professionnelle les réponses des savants, le football sortit de son désert théo-rique et connut sa grande mue. En moins de temps qu'il n'en faut pour en prendre consciem-ment la mesure, il passa, comme les savants de la Renaissance revisités par l'historien de la pensée scientifique Alexandre Koyré, du « monde de l'à-peu-près » à l'« univers de la précision ». Pour changer de paradigme, il ne lui fallut, en réalité, que quelques décennies tout au plus. Voyons-en les principales étapes et arrêtons-nous un instant sur chacun de ses enjeux. Il sera possible ensuite de mesurer jusqu'à quel point des innovations scienti-fiques et techniques d'une telle ampleur ont réelle-ment transformé le sens, la forme et la valeur d'un jeu dont les lois secrètes peuvent être dégagées et les zones énigmatiques identifiées, sans que toute part de mystère en soit complètement chassée.

Un mot d'abord sur le protagoniste du jeu : le ballon de football. Il n'a évidemment pas de tout temps existé tel que nous le connaissons à présent. Il a beaucoup évolué, au cours du dernier siècle, notamment pendant l'âge d'or de la science du football parvenue à son zénith. On peut aujourd'hui le frapper sans risque de se blesser ou de le crever inopinément. Si sa dureté n'exclut toujours pas quelques risques de contusions et des douleurs diversement localisées à celui qui le reçoit dans une partie délicate du corps, sa forme et son poids n'ont plus aucune commune mesure avec son ancêtre du début du siècle dernier. Cousus d'épais lacets qui avaient une fâcheuse tendance à se défaire, les ballons d'antan avaient une sinistre propension à se gorger d'eau et à voir ainsi leur masse doubler en cours de match, en raison de la porosité de leur vessie naturelle. Pour tout dire, et à en croire ceux qui les ont jadis maniés et subis, ils étaient objectivement dangereux pour quiconque osait y hasarder son front en milieu et, davantage encore, en fin de partie. À l'appréhension spontanée des enfants pour ce geste contre-nature, s'ajoutait alors un certain passif technique que nos glorieux et méritants anciens ont gardé en mémoire. Fut un temps où être avant-centre revenait à risquer littéralement sa tête ou son cou-de-pied à la première occasion. Combien de joueurs assommés, de fronts marqués au fer et de cuirs chevelus déchirés pour voir les filets trembler ou les portiers briller ! Les travaux récents des physiciens montrent qu'un ballon, comme un pneu d'automobile, doit être bien gonflé pour donner satisfaction en matière de trajectoire et de rebond. Mais certains sont encore si durs qu'ils provoquent des douleurs sur l'arête du pied. Il ne suffit, en réalité, que de sept petits grammes d'air pour obtenir un gonflage adéquat. Ce qui ne correspond, soit dit en passant, qu'à deux (maigres et légers) pour cent du poids du ballon. Selon les règles en vigueur, celui-ci doit peser autour de quatre cents grammes.

Au physicien, se posa surtout la question de définir la manière qu'a le ballon de s'élever et de se déplacer dans l'air. On commença donc sérieusement à se pencher sur la trajectoire des ballons, suite à une évolution essentielle du jeu. Dès lors que l'usage de la main fut sanctionné d'un coup franc à partir de 1873, puis d'un penalty dans la surface dite « de réparation » un peu plus tard, en 1891, de nouveaux gestes firent leur apparition. Bien avant les Brésiliens Didi, Roberto Carlos ou Juninho, l'Italien Andrea Pirlo, l'Anglais David Beckham et le Français Michel Platini, pour s'en tenir à quelques tireurs de classe mondiale, on interrogea le fameux effet « rétro ». En vertu de ce dernier, un ballon frappé rapidement et sèchement par sa base s'élève dans les airs d'une façon qui rend particulièrement difficile, voire impossible, la prévision de sa trajectoire en vue de sa captation par le gardien de but. On comprit alors que cet effet était le moyen le plus efficace de ne pas subir les deux phénomènes qui viennent limiter l'élévation du ballon, à savoir la pesanteur terrestre, d'une part, et la résistance de l'air, d'autre part.

Sur ce point, le football était un peu à la traîne, lorsqu'on comprit enfin, dans les rangs des joueurs de football, notamment avec le grand Waldir Pereira, *alias* « Didi », dans les années 1950, et, deux décennies plus tard, avec le génialissime Michel Platini, l'intérêt qu'il peut y avoir à brosser violemment le ballon pour lui donner une courbe ascensionnelle à la fois rapide et brève. Les amateurs de tennis, de golf ou de base-ball en connaissaient pourtant déjà les mérites, quand les footballeurs commençaient à peine à le pratiquer sans en avoir une claire conscience, et donc pas non plus une science maîtresse d'elle-même.

Ici, force est de reconnaître que la science précède l'existence. La théorie a valeureusement anticipé la pratique. On savait décrire la trajectoire exacte d'une balle se déplaçant dans l'air, bien avant que les coups de pied arrêtés ne deviennent un élément majeur de la dramaturgie du football contemporain. Environ un tiers des buts sont désormais, directement ou indirectement, inscrits de cette façon. Sa compréhension est même antérieure aux derniers progrès de l'aérodynamique assistée par ordinateur, qui sont survenus au cours du xxᵉ siècle. Elle remonte aux travaux du savant et mathématicien écossais Peter Guthrie Tait (1831-1901). Celui-ci s'intéressa aux trajectoires des balles de golf, alors que le football venait à peine de fixer ses règles définitives dans la seconde moitié du xixᵉ siècle. Sa question portait à l'origine sur le temps passé en l'air par une balle de golf : comment expliquer qu'il puisse être si long, malgré la pesanteur et la résistance de l'air ?

Le génie de Tait a consisté à construire une réponse en partie tirée de la théorie corpusculaire de la lumière d'inspiration newtonienne. Elle repose sur la manière qu'a une balle de tourner sur elle-même, quand elle est coupée ou liftée par un joueur. La force d'élévation d'une balle de golf, qui peut se comparer à ce qui se produit avec une balle de tennis ou un ballon de football, est le résultat d'une rotation arrière du mobile. Elle vient contrarier à la fois la pesanteur et la résistance de l'air. Les travaux sur les cylindres réalisés en 1852 par le physicien allemand Heinrich Gustav Magnus (1802-1870), confortant ceux qui furent entrepris un siècle plus tôt par le mathématicien anglais Robbins (1707-1751), offrirent à Taits la base théorique dont il avait besoin. Tel Einstein plagiant le théologien et réformateur religieux tchèque Jan Hus (1369-1415), il confirmait, si besoin était, qu'un créateur, dans le domaine des sciences comme dans les autres, est souvent un nain juché sur des épaules de géants. Il vaut en tout cas toujours mieux et plus que l'image d'Épinal d'un savant surpris par son savon dans son bain ou d'un esprit tiré de sa torpeur flegmatique par un fruit inattendu de la raison tombé dans un jardin anglais à l'heure de la sieste.

Ces questions sont encore largement débattues par les savants. Mais une chose fut acquise alors de façon durable : quand un ballon se déplace en tournant sur lui-même, il est soumis à une force déviante qui rend sa trajectoire aléatoire et complexe. Sans le savoir, en le frappant très fort, très vite et sur le côté ou encore le dessous, selon leur talent propre, les Didi, Platini, Beckham et autres Juninho feront avec brio ce que d'aucuns avaient découvert par leur génie dans l'ordre de la pensée, quelques décennies avant eux. Étrangement, la science du football se mit en mouvement de façon quasi contemporaine de la création de son objet. Elle allait permettre de lever plus d'une contradiction et de percer, au passage, quelques secrets enfouis dans les méandres de notre perception toujours tronquée de la réalité naturelle.

Là où le mythique gardien britannique Gordon Banks fit des miracles en captant mystérieusement la tête de Pelé contre les lois les plus élémentaires de la physique, réalisant un des plus époustouflants arrêts de l'histoire du football lors de la Coupe du monde organisée au Mexique en 1970, l'arrière latéral brésilien Roberto Carlos ne laissait pour sa part aucune chance à Fabien Barthez, crucifié sur sa ligne de but en dépit de son agilité légendaire. Sur un extérieur du pied gauche d'une puissance inouïe, il foudroya le ciel de Gaule et cloua littéralement sur ses rotules, à l'éphémère tournoi de France 1997, le « divin chauve » sidéré de constater ce qu'on peut faire avec un ballon, pour peu qu'on sache le faire vriller comme une torche inhumaine. Carlos avait tout simplement trouvé par ses propres moyens la clé des choses apparemment surnaturelles. Disséqué et ramené à des calculs savants, le chemin qui conduisit un frappeur de coup franc à réaliser un geste aussi parfait n'en demeure pas moins un mystère que rien n'entame. Hors de la science, il y a un salut : c'est celui du vaincu au vainqueur ! Il arrive, quoique trop rarement, qu'un portier félicite et même remercie son bourreau d'un jour.

Si le football plut si vite à ceux qui le pratiquèrent, comme à ceux qui prirent un plaisir toujours croissant à le regarder, sans qu'il s'agisse toujours des mêmes, c'est d'abord parce qu'il s'agissait d'un jeu engagé et simple. La chose est entendue. Aux premiers temps du football, on s'embarrassait assez peu des passes. Elles constituent aujourd'hui la base de tout mouvement défensif ou offensif. Primitivement développé sous la forme d'un *dribbling game*, le football fut, dans sa version victorienne initiale, un jeu plutôt individualiste. Comme dans le football de rue tel qu'il n'a jamais cessé d'exister depuis sa création, il impliquait de conserver le ballon le plus longtemps possible ou de le jeter au-devant de soi, pour provoquer des situations de but, qu'on appelle aussi trivialement des « occasions ». Cette pratique technique accouchera, à l'inverse, sous une forme moins élaborée et plus grossière, du fameux « *kick and rush* », longtemps chéri et sans cesse remis au goût du jour par les équipes britanniques, inimitables dans leur appétit offensif. Mais, au cours de son premier siècle d'existence, le *soccer* s'est peu à peu mué en un jeu toujours plus collectif, dans lequel non seulement la quantité, mais la qualité des passes sont devenues des préoccupations centrales et explicites de ce qui deviendrait toujours un peu plus un *passing game*, élevé au rang d'art par les Ibères du XXIe siècle commençant, après avoir eux-mêmes longtemps été connus pour la rugosité de leur jeu.

Sur ce point, les statistiques révèlent un fait en apparence simple, que notre perception habituelle du jeu ne nous permet pas de tirer seuls. Au-delà de six passes, le ballon est rarement conservé par la même équipe. Les chiffres sont là. Quatre-vingt pour cent des buts inscrits le sont après seulement trois passes en attaque et plus de soixante pour cent d'entre eux, après qu'un ballon a été récupéré dans les trente derniers mètres. Oui, mais voilà : toutes les passes ne sont pas réussies, tant s'en faut. Seules quelques-unes donnent lieu à une action dite « dangereuse », c'est-à-dire susceptible de se conclure par un but marqué ou simplement une occasion de but. On parle alors de « passe décisive ». Elle a désormais sa comptabilité parallèle à celle du nombre de buts mis à l'actif de chaque protagoniste, accentuant chez les joueurs une certaine tendance individualiste, entretenue il est vrai par les clauses mirobolantes de leurs contrats. On connaît pourtant la jolie phrase du profond et parfois un peu ténébreux Éric Cantona, selon lequel « la passe (est parfois) plus belle que le but ». Le *french king* de Manchester United fut un maître des deux exercices, et lequel ! Mais une passe de nature défensive peut elle aussi avoir une influence majeure sur le jeu, au point que, quelquefois, le tacle est aussi important et marquant, dans tous les sens du terme, qu'une reprise de volée.

La maîtrise de la passe comme élément fondamental du jeu ne se fit pas du jour au lendemain. Elle exigea une discipline fondée sur l'observation rigoureuse des phases et des zones de jeu les plus actives. Le grand F. C. Nantes des années Suaudeau et Denoueix, qui respirait le plaisir de se comprendre sur le terrain, puis le géant barcelonais des années Guardiola, avec son système de cinq zones réparties sur toute la longueur du terrain, ou encore la *Roja* espagnole des années dorées, emmenée par les géniaux Xavi et Iniesta, en furent les plus brillantes illustrations. On connaît bien ces exemples particulièrement marquants. On sait plus rarement que c'est au club écossais des Queens Park Rangers de Glasgow que l'on doit la généralisation du jeu de passes, ainsi que la réduction, dès le début des années 1870, du nombre d'attaquants, au profit d'une défense renforcée par un arrière latéral supplémentaire. Il faut dire que les attaques des premiers temps comportaient régulièrement jusqu'à pas moins de huit attaquants sur onze joueurs au total, dont trois avants-centres. Le demi-centre ne fera son apparition que dans les années 1920, ainsi que les défenses composées de plus de trois défenseurs. Le libéro, lui, attendra encore pour faire son apparition, se tenant panoptiquement en léger retrait par rapport à la ligne de défense.

Jouer au football, c'est d'abord, et maintenant plus que jamais, avoir la science de la circulation efficace du ballon, savoir le conserver et optimiser le rapport entre l'énergie dépensée pour le conquérir ou faire courir l'adversaire et celle qui est économisée en ne le perdant pas. Comme la science, c'est une tâche qui se joue volontiers des frontières nationales et se vérifie dans l'expérience. À ce petit jeu tout sauf stérile et étroitement calculateur, les Espagnols ont dominé l'Europe et même le monde sans discontinuer entre 2008 et 2012, empochant consécutivement deux Euros et une Coupe du monde à la barbe de tous leurs rivaux impuissants : du jamais vu !

Le recours récent et systématique aux statistiques et l'automatisation des enchaînements mis en place et répétés à l'entraînement attestent de l'importante d'une approche rationnelle du jeu de passes. Il est plus encadré que jamais. Pour l'observer dans les moindres détails, les chaînes de télévision ont désormais recours à des sociétés basées des deux côtés de la Manche. Elles n'hésitent pas à embaucher des champions du jeu vidéo et des *geeks* expérimentés, pour recueillir en direct toutes les informations sur le moindre mouvement de chaque joueur. Chaque élément est immédiatement enregistré dans des bases de données, où chaque protagoniste a son observateur attitré. Les plus grands clubs ont leurs propres spécialistes pour améliorer leur compétitivité, en disséquant chaque compartiment du jeu.

L'usage de ces données statistiques a sans doute conduit à une diminution certaine de la variété des styles de jeu. Ceux-là apparaissent de plus en plus standardisés. Ils chassent progressivement toute singularité, aussitôt stigmatisée comme fantaisie, de leur construction, qui se veut sans risques et rentable à très court terme. La rationalisation est souvent mère de l'uniformisation et accoucheuse de normes qui tendent à s'universaliser. Les *bookmakers* en savent quelque chose. Ils en ont tiré une industrie en plein essor, qui se répand aux quatre coins de la planète foot. Le jeu n'est plus seulement scruté, comme ce fut très tôt le cas. Il est à présent sculpté et construit de façon rationnelle, sans que rien ne soit plus généreusement laissé au hasard. Chaque aspérité ou difficulté du jeu fait l'objet d'un questionnement maniaque.

Dans les premiers temps du football, le hors-jeu a été la principale difficulté à intégrer au jeu de passes, notamment celles qui sont faites vers l'avant et qui sont autorisées au football, à la différence du rugby. Le hors-jeu est la règle mère – celle dont l'application demeure aujourd'hui encore problématique, même avec l'assistance de la vidéo. L'usage tardif de cette dernière est encore vivement contesté, notamment au nom du prin- cipe de l'uniformité entre le sport professionnel et amateur, mais aussi parce qu'il ne supprime pas la part d'erreur inhérente à toute activité d'interpré- tation. Il a surtout le grand défaut de suspendre le cours du jeu, outre celui de ne pouvoir s'appli- quer au coin de la rue ou sur les stades de fortune dans des matchs sans enjeu, là où les gamins n'ont que leurs yeux pour contester ce qu'ils ont vu et que leur bouche pour inventer n'importe quoi au service de leurs intérêts.

L'interdiction relativement récente, depuis 1992, de la passe en arrière suivie de la possibilité pour le gardien de but de prendre la balle dans ses mains, est un événement qui a également modifié le jeu de passes au sein des défenses. Impossible pourtant de prétendre l'emporter sans se passer le ballon entre partenaires en toute sécurité. Sur ce point, la science et les technologies qui en dépendent ont modifié la manière de préparer les équipes et de les faire évoluer dans les rencontres professionnelles. De même pour les tirs et l'adresse devant le but : l'expérience fondée sur les probabilités montre que cent pour cent des tirs sont manqués après trente-cinq mètres. À six mètres, la certitude est quasi absolue de marquer en un-contre-un, contre seulement quarante pour cent de réussite à l'entrée de la surface de réparation (16,25 mètres) et soixante-dix pour cent à onze mètres. À trente mètres, le chiffre chute radicalement. D'où la fixation à onze mètres du tir de penalty. Elle assure de transformer le coup de pied de réparation à plus de quatre-vingt-cinq pour cent. S'il est correctement tiré, le gardien de but n'a donc quasiment aucune chance d'arrêter un penalty, soit parce qu'il est pris à contre-pied, soit parce que le ballon finit sa course dans une zone hors de sa portée, le long des poteaux ou sous la barre transversale, soit parce que la frappe est trop puissante pour être détournée.

Cette exigence d'efficacité fondée sur un calcul de probabilités et le recours aux statistiques se retrouve dans la quête de la meilleure tactique, celle qui peut assurer, en principe, à une équipe de l'emporter de la façon la plus fréquente et la plus sûre. La stratégie la plus commune est le fameux 4-4-2. Longtemps, il domina les séances de tableau noir dans la majorité des vestiaires de football. Le

4-4-2 (quatre défenseurs, quatre milieux de terrain, deux attaquants) permet un quadrillage efficace du terrain, par un contrôle des zones défensives et par une bonne récupération du ballon au milieu du terrain, tout en laissant à deux attaquants dits « de pointe » le loisir d'exploiter au mieux les passes qui leur sont adressées dans la profondeur du terrain et sur ses côtés. Il se déclina rapidement en 4-3-3, pour donner une forme plus offensive au jeu et afin de favoriser la pression exercée sur l'adversaire, en ménageant les milieux de terrain. Voire en 3-5-2, dans la grande tradition italienne d'une défense resserrée jouant à plat derrière un milieu de terrain très dense et compact, à la manière de la Juventus de Turin ces dernières années. Et plus rarement en un inédit 2-3-5, qui sourit très brièvement au Onze tricolore, comme lors de ce match amical remporté contre l'Angleterre sur le score de 2 à 1, un certain 5 mai 1921, devant 35 000 spectateurs, un jeudi de l'Ascension. On aurait difficilement pu imaginer une meilleure manière de célébrer les cent ans de la mort de Napoléon, sur la pelouse du stade Pershing, en plein bois de Vincennes.

Mais le 4-2-4 connut, lui aussi, son heure de gloire avec les scintillantes équipes brésilienne et hongroise des années 1950. Les Anglais en firent les frais contre l'équipe magyare. Elle leur passa trois buts en seulement sept minutes et les battit deux fois de suite, d'abord 6 à 3 le 25 novembre 1953, puis plus sèchement encore, pour ce qui ne fut pas une revanche mais une déculottée, sur le score sans appel de 7 à 1, le 23 mai qui suivit. Les Français battirent également les Allemands, pourtant champions du monde en titre, en Suède, en 1958, grâce à la même tactique. Le défaut de ce système en 4-2-4 était toutefois de faire courir le risque à l'équipe qui l'adoptait de s'effondrer dans l'entrejeu, en sollicitant trop son milieu de terrain, réduit à deux preux chevaliers condamnés à ployer sous les assauts adverses à un moment ou à un autre de la partie.

Ces années charnières dans l'histoire du football, qui correspondent aux années d'après-guerre, furent aussi marquées par le règne, puis l'enterrement du célèbre WM. Celui-ci consistait à répartir les joueurs en deux lignes épousant la forme de ces deux lettres capitales. Il eut longtemps la faveur des entraîneurs des plus grandes écuries footballistiques. Ce fut le cas d'Arsenal, qui embaucha en 1925 le premier entraîneur (le « coach », comme on l'appelle désormais partout) à plein temps de l'histoire du football, en la personne du très inventif Herbert Chapman. Mais le WM comportait trop de défauts. L'observation systématique du jeu et les déboires de certaines équipes de premier plan qui l'adoptaient, comme la Hongrie de Puskas défaite en 1954 ou les meilleures équipes de Premier League anglaise d'alors, ont fini par les révéler au grand jour. Parmi ses multiples travers et ses limites, on retiendra, en vrac, le confinement de chaque joueur dans une fonction unique, les difficultés de marquage pour les joueurs changeant de position, la réactivité médiocre du collectif et la tendance de la défense à demeurer statique, avec pour conséquence une capacité d'adaptation faible aux modifications tactiques de l'équipe adverse.

Existe-t-il une organisation tactique idéale ? À cette question, la science n'apporte bien heureusement pas de réponse, pour plusieurs raisons. D'abord, parce que la qualité d'une organisation collective est toujours relative. Elle dépend de celle que l'adversaire propose, de la qualité intrinsèque de chaque joueur et de son état de forme du moment, ainsi que de la façon dont chaque protagoniste se représente l'enjeu de la rencontre. Combien de fois une équipe donnée archi-favorite sur le papier a-t-elle vu sa belle mécanique s'enrayer pour un grain de sable glissé, ici ou là, dans ses schémas finement conçus, par une équipe de niveau inférieur mais bien organisée et galvanisée par un esprit collectif de conquête ? Ensuite, parce que les aléas du jeu ne sont pas des éléments négligeables. Ils jouent un rôle parfois central dans le cours forcément contingent des événements : une blessure frappant un joueur-clé du système à un moment précoce ou décisif de la partie, un double avertissement qui conduit à l'exclusion d'un élément central du jeu à la suite d'une provocation ou d'un geste déplacé, l'absence de réussite des attaquants ou l'infortune d'un goal, sont autant d'éléments qui mettent en péril les prévisions des plus fins stratèges. Enfin, parce que le propre d'une stratégie, qu'elle soit militaire ou sportive, est de se nourrir de la contingence des événements et de s'adapter à leur cours imprévisible, de sorte que c'est moins la tactique concoctée à l'entraînement que la faculté de l'entraîneur à la faire appliquer et surtout évoluer en cours de match, autant que la capacité des joueurs à sentir les inflexions du jeu adverse, qui assurent la victoire finale. Celle-ci est toujours un fait circonstancié et lié à des conditions uniques, qui ne se reproduiront plus à l'identique. Elle n'est ainsi jamais garantie à l'avance et chaque fois nourrie des futurs contingents chers à Aristote. Elle est, en somme, chaque fois le fruit napoléonien d'un « art tout d'exécution », dans lequel le talent et la chance tantôt se fuient comme l'eau et l'huile, tantôt se réconcilient comme des amants orageux mais inséparables. Là encore, tout ne s'explique pas intégralement, même de façon rétrospective.

Ce tableau de la science du football et de ses lois secrètes ne serait pas complet sans évoquer les domaines dans lesquels les progrès ont été sans doute les plus nets et les plus féconds. C'est particulièrement vrai pour le choix des matériaux et des équipements, l'accompagnement diététique personnalisé des athlètes, leur préparation physique, mais aussi mentale et psychologique, les conditions de leur récupération et l'âge de leur sélection, enfin. Dans chacun de ces secteurs, les apports croisés de la biologie, de la médecine, de la psychologie et des sciences physico-chimiques ont totalement bouleversé le paysage footballistique.

L'amélioration de la qualité des ballons ne fut pas seulement une affaire de confort pour les joueurs. Le recours à de nouveaux matériaux synthétiques, le remplacement de la traditionnelle vessie animale par une chambre à air en plastique, moins vulnérable aux chocs et rendue étanche par l'emploi d'une structure composite associant le cuir aux derniers apports de la chimie de synthèse, ont permis de fabriquer des ballons d'une fiabilité technique incomparable avec ceux du temps jadis. La diversification des modes de fabrication eut quelques effets pervers, comme le droit octroyé à chaque nation de proposer ses propres ballons, avec des caractéristiques matérielles parfois très différentes. Entre le fameux « Tango » créé par Adidas lors de la Coupe du monde organisée en Argentine, en 1978, et le « Telstar » du *Mùndial* mexicain de 1986, la technique de production des ballons de football fit des progrès constants. Ils se poursuivirent sans relâche jusqu'à la création des derniers objets volants identifiés dans les compétitions récentes, avec des propriétés de déplacement dans l'air sans cesse améliorées et rendues plus fiables. On est très loin du temps où, dans les années 1930, l'Uruguay et l'Argentine imposaient, comme la plupart des nations alors, leur propre ballon, que l'arbitre choisissait alternativement lors des deux mi-temps de chaque match.

Parallèlement, la transformation des chaussures et des tenues introduisit des évolutions non négligeables. La question se posa, par exemple, de savoir si les équipes jouant en rouge disposaient d'un avantage du fait de leur visibilité dans le jeu – contrairement aux pantalons de la même couleur des poilus de la Grande Guerre, qui tombèrent tragiquement en masse sous les balles allemandes pour la même raison, avant que l'État-major des armées françaises ne décide d'en changer face à l'étendue du désastre. À cette question, la réponse fut vite apportée par des équipes gagnant sous toute la gamme chromatique et par des joueurs soulevant des trophées en fin de match avec des couleurs méconnaissables sous l'épaisse couche de terre et de boue accumulée pendant la rencontre.

De son côté, la nouvelle tendance, lancée dans les années 1950 par les équipes hongroises, à se présenter sur le terrain avec des chaussures coupées sous la cheville, provoqua de prime abord la surprise et l'hilarité, avant d'être reprise par l'ensemble des joueurs des différentes nations. Ils y trouvèrent des avantages non négligeables en matière de liberté du pied et de confort de la cheville. L'usage des crampons vissés, puis moulés, modifia lui aussi peu à peu la manière de courir et de se déplacer des joueurs, qui gagnèrent en mobilité et en vitesse. L'arrivée des chaussures Adidas sur le marché constitua, dès la fin des années 1960, une avancée considérable, dès lors que le profil, la structure et les nouveaux matériaux synthétiques utilisés obéirent aux seules exigences de la performance mesurée en laboratoire grâce à des outils scientifiques. De même, le recours aux protège-tibias, rendu inévitable depuis l'interdiction du *hacking game*, aux premiers temps de la réglementation du football, évolua lentement jusqu'à donner lieu à des innovations techniques fondamentales. En protégeant la jambe du joueur de la cheville jusqu'à l'arête supérieure du tibia, elles épargnèrent bien des blessures et des fins de carrière anticipées. Longtemps pourtant, les joueurs professionnels jouèrent sans protection avec les chaussettes baissées, surtout quand la partie se prolongeait au-delà du temps réglementaire.

De leur côté, les premiers terrains synthétiques, construits dès le début des années 1960, se sont multipliés au cours des deux décennies suivantes. Après avoir longtemps cumulé toute une série de défauts liés à leur dureté, leur difficulté à évacuer l'eau et leur tendance à se déformer rapidement, ils n'ont cessé d'être améliorés grâce à l'utilisation de matériaux toujours plus performants et mieux adaptés aux efforts sportifs des athlètes. Dans les pays exposés à une grande sévérité climatique, mais aussi dans les régions soumises à une météo-rologie plus clémente mais variable, ils ont permis d'émanciper la pratique du football de conditions naturelles parfois très hostiles et changeantes.

Mais c'est sans doute sur le plan physiologique et biologique que le football a réalisé sa révolution technoscientifique de la manière la plus manifeste. L'analyse des déplacements effectifs des joueurs sur le terrain a permis de montrer la diversité des mouvements exécutés au cours d'un match de football. Les joueurs y alternent des courses très différentes : jogging, allure de croisière, sprint, marche seule, courses latérales et de recul. Pendant un match, chaque joueur effectue une moyenne de mille séquences individuelles de tous types, qui durent chacune cinq à six secondes. Il ne peut se reposer que trois secondes en moyenne, toutes les deux minutes. Il doit, en outre, accomplir un sprint bref, mais intense, de quinze mètres de façon régulière toutes les quatre-vingt-dix secondes. Autant dire que jouer au football requiert une énergie qui n'a rien à envier à des sports de très haute intensité, comme le squash ou le cyclisme. Contrairement aux idées reçues et aux impressions qu'on peut avoir en regardant un match de football, c'est le gardien de but qui conserve le plus le ballon. Il parcourt, dans une même rencontre, une distance non négligeable avoisinant les quatre kilomètres. Il a le ballon en mains pour un total de dix pour cent environ de cette distance, dont il effectue vingt-cinq pour cent à reculons. Il est ainsi, paradoxalement, le joueur le plus impliqué dans le jeu, bien qu'il ne soit pas à proprement parler considéré comme un joueur de champ.

Dans les cours de récréation, n'indique-t-on pas spontanément la cage à celui qui ne sait pas jouer ou dont le physique rend difficiles les déplacements rapides et répétés ? C'est pourtant là une triple erreur. D'abord, parce que n'est pas gardien qui veut. Cela exige des qualités spécifiques que chacun se représente aisément, telles que la souplesse, l'agilité, la faculté d'anticipation et une bonne frappe de balle, pour dégager le ballon aussi loin et précisément que possible. Ensuite, pour la bonne raison qu'aucune équipe ne peut faire l'économie d'un portier convenable, dans la mesure où le fait d'inscrire un certain nombre de buts ne dispense pas d'en encaisser moins que son adversaire. Enfin, force est de constater l'existence rare de dispositions physiques et techniques surprenantes chez certains individus qui, pour afficher parfois quelques kilogrammes en trop sur la balance, n'en révèlent pas moins des réflexes, des qualités de lecture du jeu et une vitesse de déplacement, qui constituent des atouts aussi précieux qu'inattendus face à des adversaires trop vite enclins à ne pas s'en méfier. Il n'y a pas de grande équipe sans un valeureux gardien. C'est pourquoi sa désignation est une affaire plus sérieuse que ne le croient naïvement les enfants des cours d'école par manque d'expérience.

Pour en revenir à ce qui se produit hors de la surface de réparation, et aussi surprenant que cela puisse paraître, les dix joueurs de champ n'ont, en moyenne, la possession du ballon que deux pour cent du temps rapporté à la distance de jeu parcourue. Ils passent donc la majeure partie de leur temps à courir sans le ballon, soit pour le récupérer, soit pour le solliciter, soit pour offrir des espaces à leurs partenaires, en vue de modifier favorablement les coordonnées du jeu. D'où l'importance cruciale de ce que les footballeurs connaissent bien sous le nom de « jeu sans ballon ».

Sur ce point, on ne peut que tirer profit de la belle analyse du philosophe Maurice Merleau-Ponty (1908-1961). Dans *La Structure du comportement*, publiée en 1942, en des années noires pour un monde en guerre et privé de compétition internationale, le futur professeur au Collège de France prend le sens commun à contre-pied. En phénoménologue hors pair, il montre comment le terrain n'est jamais pour le joueur une simple chose objective qui se tiendrait là disponible pour lui avant d'agir et sur laquelle il évoluerait comme on occuperait un espace indépendant de notre corps. Ce n'est jamais le cas, comme le savent d'un savoir vécu et non théorisable les danseurs, les comédiens et les nourrissons. De ce point de vue, les lignes qui délimitent un terrain ne sont pas plus importantes, ni structurantes, que les espaces ou les « trous » qui séparent les joueurs. En cela, écrit l'auteur de *Phénoménologie de la perception* et de *L'Œil et l'Esprit*, « le terrain ne lui est pas donné, mais présent comme le terme immanent de ses intentions pratiques ; le joueur fait corps avec lui et sent par exemple la direction du "but" aussi immédiatement que la verticale et l'horizontale de son propre corps ». De là l'idée que « chaque manœuvre entreprise par le joueur modifie l'aspect du terrain et y tend de nouvelles lignes de force, où l'action à son tour s'écoule et se réalise en altérant à nouveau le champ phénoménal ». Analyse inspirée et géniale, mais qui ne dispense pas les joueurs de couvrir des surfaces de jeu parfois gigantesques ! La palme revient en la matière au milieu de terrain défensif, qui court en moyenne dix kilomètres par match. Il est talonné par l'attaquant et par l'arrière latéral avec huit kilomètres, eux-mêmes suivis de près par l'arrière central avec sept kilomètres et demi, quand le gardien de but en fait donc tout de même plus de la moitié ! Dans certaines rencontres, les chiffres peuvent atteindre, voire dépasser, les quinze kilomètres pour certains joueurs. C'est le cas quand le jeu se révèle particulièrement intense et le match très disputé, et plus encore lorsqu'il se prolonge au-delà du temps dit « réglementaire » de quatre-vingt-dix minutes, pour atteindre le chiffre presque inhumain de cent vingt minutes.

À la lumière de ces données, on comprend la nécessité de concevoir une préparation athlétique rigoureuse. Celle-ci doit intégrer des éléments comme le calcul de la VMA (vitesse maximale anaérobique) et la construction de séances d'entraînement très diversifiées, au cours desquelles les exercices sont répétés de façon intense et fractionnée. Le but est d'augmenter à la fois la résistance et la puissance des joueurs. Le rythme cardiaque est, lui aussi, étudié de manière scrupuleuse, précise et très régulière, faisant apparaître des données moyennes constantes de cent cinquante-cinq battements par minute pour les arrières et de cent soixante-dix pour les milieux de terrain et les attaquants. Ces derniers doivent, il est vrai, réaliser des courses plus longues, plus fréquentes et plus violentes par leur intensité que tous les autres joueurs.

Le volet diététique de cette préparation occupe à présent une place prépondérante. Plus rien n'est laissé au hasard dans le choix des aliments, ni dans la quantité ingérée. On tient compte de la nature de l'effort à accomplir, de sa position dans le temps et dans l'espace et des spécificités métaboliques de chaque individu. Aux trois mille calories par jour que doit ingérer en principe un individu lambda, il faut apprendre au sportif à se contenter de deux mille trois cents tout au plus et à s'entraîner deux fois par jour, s'il veut atteindre et demeurer au plus haut niveau de sa forme physique. Sucres lents et protéines deviennent ses obsessions et ses seuls plaisirs dans une alimentation qui ne fait plus de place aux matières inutilement et exagérément grasses.

Il n'est pas jusqu'à l'âge des joueurs qui ne soit étudié et interrogé comme une donnée essentielle. À une époque où ces derniers sont recrutés de plus en plus tôt, entraînant des investissements considérables de la part de clubs qui n'ont aucune garantie qu'ils parviendront à maturité dans des conditions optimales et dans des délais acceptables en matière de comptabilité, il est devenu essentiel de savoir quand il faut précisément recruter les futures vedettes des années à venir. Dans cette quête de la perle rare, un élément est tenu pour une variable non négligeable, c'est le mois de naissance du joueur. Un compétiteur né dans la première moitié de l'année civile, et plus encore en début d'année, a plus de chance de s'imposer dans sa génération, quand un autre né en toute fin d'année accusera presque un an de moins par rapport au rival de la même tranche d'âge que lui. Ici, tous les chiffres comptent et si le talent n'attend pas le nombre des années, on n'hésite pas à les corréler, dès lors qu'il s'agit d'aligner des zéros sur un chèque.

Ces multiples éléments sont pris en compte dans ce que les entraîneurs actuels appellent la notation analytique. Elle consiste à décomposer tous les éléments, tous les champs et toutes les propriétés du jeu de façon purement rationnelle. À l'ère du professionnalisme, on ne peut plus se contenter d'impressions subjectives, ni de souvenirs personnels. Ils ne sont pas suffisants pour produire, du côté des entraîneurs et des préparateurs physiques, des interventions et des corrections pertinentes sur le jeu, sa préparation, son organisation ou, de façon générale, sa rationalisation. Ici, la part du hasard est réduite au strict minimum. La victoire ne doit plus être associée à quoi que ce soit d'aléatoire, ni de contingent. Elle obéit à la stricte nécessité d'une organisation sans faille. Ici, il n'y a plus de place pour l'improvisation, l'incertitude ou l'indétermination. En révélant les lois secrètes du football, la science en a fait un phénomène entièrement connaissable et prévisible dans la totalité de ses aspects. Nous sommes entrés dans l'ère de la théorie du football, qui est le sport le plus pratiqué et le plus apprécié à la fois par sa variété et par sa constance. Il est sans doute aussi celui qui a donné lieu aux efforts les plus pertinents et les plus inlassables pour optimiser chacun de ses aspects.

Mais comment expliquer certains faits de jeu qui échappent à toute rationalité *a priori* ? Pourquoi une équipe faible, qui a intérêt à maintenir un score très bas pour pouvoir l'emporter, peut-elle gagner contre une équipe beaucoup plus forte ? Qu'est-ce qui ne permet pas de prévoir les retournements de situation tout à fait spectaculaires qui se produisent parfois ? Ainsi, lors de l'édition 2005 de la finale de Ligue des Champions, à Istanbul, opposant le FC Liverpool au Milan AC, donnant lieu à un match fou, finalement gagné aux tirs au but par les joueurs anglais, pourtant menés trois buts à zéro à la mi-temps. Ou à l'occasion de ces fameuses *remontadas,* dont le Paris-Saint-Germain fut dans les années 1990 le spécialiste plein de réussite et l'heureux bénéficiaire, notamment contre le grand Real Madrid, avant d'en devenir, dans les années 2010, contre les rivaux catalans du précédent, la victime la plus malheureuse qui se puisse concevoir dans une compétition aussi belle pour les gagnants que cruelle pour les perdants.

À cela, la science pourrait bien fournir des explications rétrospectives, grâce à la prise en compte d'une foule de données dont ne disposent en temps direct ni les joueurs, ni les entraîneurs, ni les spectateurs dans le stade. Des ultimes péripéties de la saison écoulée à la météorologie du moment, en passant par le degré de forme individuelle de chaque protagoniste, de son vécu intime psychique à tel moment de son existence, jusqu'à la qualité de la pelouse du stade, la composition de chacune des équipes, les choix parfois douteux de l'arbitre et l'influence du public sur le jeu à travers l'énergie déployée par les supporters d'un club pour encourager leur équipe ou déstabiliser celle qu'ils reçoivent, on peut toujours chercher à éclairer après coup ce qui s'est produit contre toute attente. Tel un démon de Laplace, sorte d'intelligence capable de tout calculer et de tout prévoir à un instant donné dans l'univers, la science du football n'a qu'un seul défaut : elle ferait presque oublier que tout n'est pas un pur mécanisme réductible à des lois et que l'élan vital des êtres, comme le cours historique des choses, s'accommode souvent mieux du mystère que rien ne dissout, que de la cause qui éclaire tout.

Devenu objet de théories scientifiques en tous genres, le football n'en demeure pas moins incertain, imprévisible et chaotique. Il se dérobe aux esprits forts auxquels rien n'échappe. Là n'est pas le moindre de ses mystérieux mérites.

5.

Vanité des vaniteux
(du commentaire footballistique
et de ses vertus radiophoniques)

Ils font et refont le match à leur manière ; mais on ne la leur fait pas. Pas à eux. Ils ont tout vu, tout entendu, tout lu. Ils connaissent tout. Les noms des joueurs, leur parcours (ils disent leur « carrière », c'est plus chic et ça fait plus sérieux), le nombre de buts qu'ils ont inscrits (jamais assez !), le montant de leur transfert (toujours trop élevé !), les à-côtés et les drames intimes qui font la vie des hommes et qu'on placarde en une des journaux à sensation. À ce petit jeu démagogique, l'Angleterre est toutes les fins de semaine championne du monde du n'importe quoi sur papier glacé. Ils règnent en maîtres jaloux des discours autoalimentés. Sans que personne ne les y invite, ils n'hésitent pas à

se poser en donneurs de leçons et en sélection-
neurs auto-mandatés. Ils sortent leurs flingues à
la première occasion manquée et se croient habilités à rire de la moindre maladresse. Les soirs de
match, on entend leurs missiles et leurs balles fuser
de toutes parts. Celles-ci ne sont pas rondes et elles
font des dégâts. Certains ne s'en relèvent pas.

*Comment untel peut-il manquer une passe aussi
facile ? Pourquoi celui-ci, recruté à prix d'or, a-t-il cru
bon de tirer le penalty, s'il l'expédie à chaque fois directement dans la tribune ? Laissera-t-on encore longtemps
cet autre diriger, depuis son banc, une bande d'ahuris
qui auraient tant besoin d'un vrai leader au bord du
terrain ? Ne valait-il pas mieux sélectionner ce joueur-ci
plutôt que tel autre ? Peut-on vraiment rester indéfiniment sourd aux attentes des supporters qui hurlent au
scandale et jurent leurs grands dieux du stade que la
réputation sulfureuse de leur vedette n'influe en rien sur
l'esprit et la vie de leur équipe de cœur ? Non, vraiment,
il y a des footballeurs et des entraîneurs professionnels
qui n'en ont que le salaire… et dire qu'il faut constamment rappeler toute cette clique de maladroits à leurs
responsabilités !*

Ces antiennes reprises en chœur par monsieur-
tout-le-monde nous sont si familières qu'on ne les
entend plus. Elles sont devenues, au fil des ans, le lot
sonore de presque chaque retransmission télévisée
et l'écho de tant de reportages radiophoniques.
Au point de ne plus vraiment choquer personne.
Soit par résignation, soit par anesthésie, soit par
compromission, avec la mauvaise foi hyperbolique

qui gagne le spectateur de football comme aucun autre. Le problème, ce n'est pas que nos oreilles puissent développer une écoute sélective, ni qu'on s'efforce, *nolens volens*, de partager directement avec ses voisins le spectacle qui est donné à voir et à entendre dans le poste, de radio ou de télévision, comme on l'appelait avant. C'est une question de survie psychique et nerveuse et d'équilibre social. Non, le vrai problème, c'est que personne ne s'insurge (plus) réellement. Qu'on n'exige pas tout simplement qu'on méprise moins le joueur, le spectateur et l'amateur, qui se trouvent parfois avoir été une seule et même personne. Qu'on ne se révolte pas davantage contre la soupe souvent présomptueuse qui oublie cette humilité dans la victoire et cette mesure dans la défaite, ce respect de l'adversaire et cette indulgence pour celui qui échoue, qui ne sont pas seulement le sel du sport, mais le miel de la vie morale et politique.

La critique de la raison footballistique attend encore son Chinois de Königsberg. C'est sous ce titre parodique que, dans ses œuvres, Nietzsche désignait Kant, l'auteur de l'incontournable *Critique de la raison pure*. Ni l'un, ni l'autre ne sont pourtant près d'être cités à l'antenne : pas le temps, pas le moment – et puis qui voudrait mêler football et philosophie, sinon les Monty Python, croit-on pouvoir répondre par avance à la place du téléspectateur ou de l'auditeur ? Alors, faute de mieux, on peut toujours relire *L'Ecclésiaste*, les veilles de match. Si tout est vanité en l'homme qui ignore la

grandeur de son Créateur et fait primer ses intérêts sur ses devoirs, que dire de ceux qui se croient
habilités à confondre leurs attentes avec la réalité
d'un jeu qui ne se joue pas assis dans un fauteuil
avec une bière ou une manette à la main, ni sur
un plateau de télévision et pas plus en tribune de
presse ? Pour rester dans la veine nietzschéenne, on
peut être tenté de *détourner le regard*.

Tous les commentateurs ne sont pas d'affreux
sectateurs, ni de cruels critiques, évidemment. La
plupart sont de vrais passionnés doublés de grands
professionnels. Le problème, c'est que ceux qui
tiennent le haut du micro rejouent à un rythme
pluri-hebdomadaire, quand il n'est pas quotidien, une comédie de l'excès qui installe toujours
davantage dans l'opinion la culture du « *bashing* »,
véritable *habitus* de la société du spectacle et des
cerveaux usés par l'information continue. Plus on
fait de bruit, plus on tape fort, plus on est tranchant, vindicatif et partial, et plus on est entendu,
du moins le croit-on. Mais à taper sur les joueurs, à
commenter tout ce qui se fait et plus encore ce qui
se dit, on s'éloigne souvent de ce qui est l'essentiel,
à savoir le jeu lui-même. Dans un flux d'images qui
ne cesse jamais, où le meilleur et le pire se côtoient
jour après jour, match après match, tout finit par
se valoir et on ne perçoit plus rien du tout. On finit
surtout, et c'est sans doute le pire, par oublier que
ce qui se produit sous nos yeux et parvient à nos
oreilles, est en général autrement plus complexe et
moins limpide qu'il n'y paraît.

Le temps immédiat du tout-info ne laisse que
peu de place au mystère, qui a pour élément la
durée de ce qui résiste à une explication lapidaire
et définitive. Le culte de l'image laisse croire qu'il
suffit d'avoir sous les yeux une avalanche de buts
et une série de graphiques pour tout saisir. Ici, on
a régulièrement le sentiment que plus on en voit,
moins on comprend. À force de laisser dire tout et
n'importe quoi, on finit par penser avec la meute
et on perd la pointe critique individuelle essentielle
au véritable amateur d'une chose qu'il apprécie et
approfondit sans jamais pouvoir prétendre en avoir
fait le tour.

Après avoir longtemps pâti de son absence sur
les écrans, l'amateur de football est aujourd'hui
soumis à un véritable marathon quotidien de
retransmissions, dont la télévision a compris
depuis longtemps qu'elle pouvait faire son beurre.
Elle emploie à temps plein une horde de spécialistes. Ils occupent l'espace médiatique et passent
d'une chaîne à l'autre, comme on transfère leurs
idoles d'un grand club à un autre. Ils déversent
leurs impressions et leurs informations comme
des vérités qu'il faudrait sans délai graver dans
le marbre de l'audimat. Les mêmes vont parfois
raconter le contraire sur le canal concurrent, le
lendemain. Certains sont consultés ou simplement
mis en avant pour servir de caution à des sites de
paris en ligne. Le football est devenu ce grand
barnum où il est question de tout, sauf de football.
Il y aurait tant d'autres choses à en dire et surtout à

en penser. Non pas pour retrouver le foot d'antan, celui du bon vieux temps qui n'a jamais existé, mais pour construire une représentation d'un sport qui, tout en étant un spectacle, doit avant tout rester un jeu. Un jeu fait par des femmes et par des hommes pour d'autres femmes et d'autres hommes. Rien d'autre. Quant à ceux qui se croient habilités à laisser croire qu'il n'est pas digne pour une femme de prétendre être l'égale des hommes en jouant au football ou en assistant à un match, nous ne les blâmons pas, nous ne les plaignons pas non plus, nous espérons juste qu'ils apprennent les vertus du silence.

Saturé d'images et de commentaires à l'emporte-pièce, le football est la principale victime de son succès. Il pâtit de la condamnation du sensible et du primat de la vision, qui sévissent en Occident depuis Platon. Avec son obsession de la lumière du Bien, ainsi que son mépris des zones d'ombre et de tout ce qui fait de la caverne un lieu dans lequel se fabrique l'équivoque. Il faudrait, paraît-il, tout montrer et tout dire. Comme si on comprenait mieux ainsi ce qui nous passionne dans cette chose étrange et qui rend « chèvre » les plus pointilleux des esprits !

Le football est une chose sensible, dans tous les sens du terme. Ses vérités, pour peu qu'il en contienne, ne se révèlent pas mieux en multipliant les caméras et en truffant la pelouse de micros. Le football exige, comme toute chose digne d'intérêt, sa lenteur propre pour être entendu. Car il se dit, se lit, se parle, se narre, s'écrit, se compile et se chante, et par conséquent il s'écoute au moins autant qu'il se regarde. Comme un film, un livre ou un paysage, il mobilise tous nos sens. Il nous maintient en éveil et à l'affût. Il nourrit notre imagination et aiguise nos attentes. Il nous immerge et nous transporte.

Pour toutes ces raisons, un match de foot sans le son ressemble à un menu dont aucun plat ne serait jamais dégusté. C'est Venise sans amoureuse. Des frites sans mayonnaise. On s'en rend aisément compte, lorsqu'une partie se dispute à huis clos et qu'il n'y a personne dans les tribunes pour transformer le jeu en fête et l'exploit en spectacle vivant. Mais l'expérience est encore plus saisissante, quand on suit une rencontre télévisée en étant privé de stimulus sonore. Les joueurs deviennent comme des poissons enfermés dans un aquarium, dont rien de ce qu'ils font ne nous parvient. Ce n'est pas seulement le monde du silence qui se déploie ; c'est un univers absurde qui nous saute aux tympans. On se croit collé à la vitre d'une cabine téléphonique, dont la ligne aurait été coupée. Essayons de comprendre pourquoi, faute de se rendre au match, le fait de l'écouter (oui, on ne le dit jamais, mais c'est essentiel : on *écoute* un match autant qu'on le regarde !) ou de le suivre, comme on dit plus sobrement, par média interposé, est une double expérience.

D'une part, tout ce qui est entendu et perçu par les sens permet de prendre la mesure de ce qui se produit dans le stade. Le tout, plus ou moins bien restitué par les télévisions et les radios, forme un continuum de type leibnizien, depuis le moindre mouvement sur la pelouse, le cuir des chaussures qui frappent le ballon et les chocs qui surviennent entre les joueurs, jusqu'au béton des tribunes battu par l'armée de pieds de ceux qui le foulent et font résonner toute la structure de l'édifice. Un stade est un être vivant. Avec son empreinte biologique singulière, donc aussi acoustique et visuelle, à l'instar de ces lieux de tournage cinématographique que les ingénieurs du son captent avec leur perche, une fois que les acteurs ont déserté le plateau. Comme tous les membres d'une espèce, il a ses caractéristiques et son existence fluctue au gré des événements qui lui surviennent de l'extérieur. Il porte en lui les coordonnées d'un mystère, qui ne peut se fondre dans les seuls événements de son histoire. Le Parc des Princes à Paris, le chaudron bouillant des Verts stéphanois, le Roazhon Park à Rennes ou celui de La Meinau à Strasbourg, Wembley l'Unique, feu le *stadio communale* de Turin, San Siro (autrement nommé Giuseppe Meazza, du nom d'un glorieux Azzuro) à Milan, San Paolo à Naples, le Maracaña de Rio de Janeiro ou le Prater de Vienne, et mille autres enceintes mythiques : tous portent en eux cette part de transe qui ne trompe ni les yeux, ni les oreilles, ni les tripes de ceux qui osent se laisser gagner par la synesthésie des carrés magiques.

D'autre part, il y a les mots des hommes. Ceux que, sur les plateaux de télévision ou depuis les salles de presse, ils échangent et qui viennent se greffer sur cette première couche acoustique prise sur le vif. Ils offrent le moyen de construire un récit. Ils permettent de transformer ce que les yeux voient et le corps tout entier ressent en une épopée. Ils confèrent sa touche singulière à chaque affrontement pour la conquête et la maîtrise de la balle. Ce qui se joue alors est tout le contraire de l'exercice d'un droit au bavardage stérile et gratuit. De là vient sans doute, en matière de football plus que de tout autre sport, la supériorité de la radio sur la télévision. Cette dernière est certes omniprésente dans la vie quotidienne des êtres humains. Ils y consacrent, pour le meilleur et surtout pour le pire, plusieurs heures par jour et parfois plus de temps qu'à leur travail ou à leur famille. Même en couleurs, la télévision n'a pourtant pas remplacé la radio, comme Internet semble s'être substitué à elle pour les plus jeunes générations. La radio demeure vitale à qui aime le football. Elle a d'ailleurs fait beaucoup pour sa diffusion, aux premiers temps du professionnalisme en France, dans les années 1930. Rappelons brièvement comment et pourquoi.

Alors que les Anglais se montraient rétifs à son usage pour préserver les recettes des clubs, les Français eurent l'audace de la développer. La TSF de l'époque, notamment à partir de 1931, grouillait de reportages. Ils étaient transmis aux quatre coins du pays, grâce au relais situé sur la tour Eiffel. Ils étaient l'œuvre géniale et jamais égalée depuis du fameux « parleur inconnu », aujourd'hui

totalement oublié et sans équivalent, ni successeur.
Sous ce titre mystérieux, se relayaient sans mollir
à l'antenne Jean Antoine, Raymond Dehorter,
Ménécier ou encore Marcel Rossini. À l'instar de
leurs collègues de Radio-Paris, de Radio-Toulouse,
de l'Intran ou encore de Radio-Cité, notamment
sous la houlette d'Alex Virot, ils ont permis à des
dizaines de milliers d'amateurs de vivre l'aventure du football. Ceux-ci eurent ainsi le bonheur
de suivre, depuis les lieux les plus éloignés de la
capitale et les plus étrangers au mythique stade de
Colombes, les exploits de Raoul Diagne, le premier
joueur noir de l'histoire de l'Équipe de France.
Guyanais de naissance et pourtant fils d'un député
de la République du Sénégal, ce joueur hors norme
était pétri de talent. Mais il ne suffit pas à éviter la
défaite de la France contre la Tchécoslovaquie, sur
le score de deux buts à un, un soir de 1931, lors de
sa première sélection.

Depuis, au fond d'un garage ou dans le recoin
d'un jardin, dans la joie sédentaire d'une fin d'été
ou sous le crachin de saisons moins clémentes,
dans une remise solitaire ou sous une mansarde
garnie de livres et d'araignées blanches, tant
d'amateurs de ballon rond ont pu vérifier que rien
ne vaut la compagnie d'un modeste transistor ou
désormais d'un onéreux téléphone « intelligent »,
pour se régaler de gestes dont on ne perd rien à
les entendre plutôt qu'à les voir, à les rêver au lieu
de se repaître de leurs passages en boucles sur des
écrans bégayants.

À cela, il y a une explication simple : le son est un vecteur libérateur de la pensée et de l'imagination. Il exige une plus grande mobilisation cognitive que l'image. Écouter, c'est imaginer et construire à la fois une durée et un spectacle qui n'existent que par et pour soi. Cela permet de se délecter de ses propres associations mentales et de ses liaisons affectives, comme on lit un roman en produisant seul son adaptation cinématographique, sans avoir besoin de plus de moyens techniques qu'un bon livre et un peu d'imagination. Le développement de la télévision n'a pas seulement bouleversé, en ce sens, notre rapport au livre, notamment chez les plus jeunes, qui voient le monde à travers un téléphone avec lequel ils ne s'appellent plus directement. Il a modifié en profondeur, ce qui est plus inattendu, notre relation au stade et donc au football comme spectacle indissociablement sonore et visuel.

La retransmission en Technicolor n'a pas beaucoup plus d'un demi-siècle. Bien qu'on ait conservé quelques images des éditions précédentes, elle remonte véritablement à la Coupe du monde 1962. Celle-ci fut marquée par la (seconde) victoire finale (consécutive) du Brésil, pourtant privé des ressources du surdoué Pelé, alors blessé, mais emmené cette année-là par le brillant et prolixe Amarildo. Celle qui fut organisée à Mexico, huit ans plus tard, et à nouveau brillamment remportée par le même escadron de la vie, avec un époustouflant Pelé aux commandes, a ouvert une ère nouvelle. Le monde entier ou presque, en l'espèce les classes moyennes et populaires des nations les plus développées de l'époque, avait pu entre-temps acquérir un tube cathodique domestique. Au début des années 1950, la France ne comptait tout au plus que quelque quarante mille téléspectateurs privilégiés, soit une infime partie de la population. Mais, pas plus que la banalisation, d'abord lente au cours des années 1970, puis accélérée dans les années 1980 et plus encore dans les années 1990, des images de football sur les écrans de la planète, la création de programmes et de chaînes de télévision entièrement consacrés à la seule diffusion de matchs de football n'a supprimé, ni même entamé le prestige unique du reportage radiophonique. La présence-absence de ce qui est représenté par des mots n'a rien perdu de son éclat. Rien ne remplace l'expérience spectrale de la voix. Ce n'est pas seulement vrai de celui ou celle qui n'est plus de ce monde, mais qui nous revient avec une force inouïe (c'est le cas de le dire !), quand nous disposons d'un vestige ou d'une archive vocal(e) de son existence. Comme s'il suffisait de parler pour être entendu et ne jamais disparaître. Comme si la vie des vivants venait nous hanter, en restant prisonnière ou en se faisant l'hôte de leur voix. Ainsi un quartier ou un pays sud-américain tout entier continuent-ils d'être saisis d'un rugissement gigantesque au son d'un « gooooooool ! », qui provoque un spasme de plaisir et une onde de joie.

Dans un match de football retransmis à la radio ou à la télévision, deux types de commentaire sont proposés à l'auditeur ou au téléspectateur. Ils sont en général incarnés par deux commentateurs. Ces derniers se renvoient plus ou moins poliment la balle, selon les attelages qu'ils parviennent à former, en jouant à l'unisson ou en affichant parfois leurs désaccords, voire en les surjouant quand le programme se veut polémique. Ils ressemblent à ces duos de la maréchaussée qui arraisonnent les automobilistes au bord des routes, en se répartissant, selon le contexte et les quidams rencontrés, le rôle du gentil et celui du méchant, entre celui qui rappelle les faits et celui qui annonce la sanction. De la même façon, il y a le commentateur qui se contente de rendre explicite et visible ce qui se passe dans le jeu, en adaptant le tempo selon que le spectacle est télévisé, donc partagé de fait par le téléspectateur visuellement, ou que le reportage est radiophonique, et dans ce cas renforcé par moult détails et incises, qui permettent de se figurer ce qui n'est pas perceptible sans le secours de l'œil. Un tel commentaire, qui peut être spectaculaire et vivant, relève plus de la description, utile pour identifier les joueurs et suivre les phases de jeu, que du commentaire au sens strict. Il a le mérite de ne pas juger de tout à la place de celui qui est censé le recevoir. Il laisse chacun libre, en lui fournissant les éléments d'information essentiels, comme le nom et le numéro des joueurs, parfois leur poste et leur actualité récente ou en rappelant tel point technique, historique ou folklorique. Quand ils ne hurlent pas dans le micro et qu'ils ne passent pas leur temps à se chamailler dans des joutes qui laissent de côté le match du soir, les journalistes sportifs (et nombre d'entre eux sont pétris de passion, de talent et de compétence !) sont les auxiliaires précieux d'un jeu qui gagne à les laisser dire. La seconde opération inhérente au commentaire footballistique est plus complexe. Elle est aussi plus risquée et, disons-le, par là plus stimulante. Elle est celle dont se repaît (ou s'agace !) le plus le connaisseur. Elle est aussi souvent celle qui éclaire le mieux le profane. Mais il lui arrive également d'affliger l'un comme l'autre, quoiqu'à des degrés divers, quand le verbe se fait chauvin, partial ou hautain. C'est hélas encore trop souvent le cas.

Rappelons ici que commenter, c'est littéralement expliquer quelque chose à l'aide de son esprit (*mens* en latin, qui donne le *mind* anglais), en produisant des jugements critiques qui permettent d'apprécier un objet, qu'il s'agisse d'un fait ou d'une œuvre, à sa juste valeur. L'esprit critique ne doit pas, évidemment, être confondu avec l'esprit *de* critique, qui critique *pour* critiquer, donc de façon peu « critique » et même éminemment critiquable ! La noblesse du commentaire suppose de se tenir à la fois au plus près de l'objet, comme lorsqu'on commente le texte d'un auteur en partant de sa lettre d'abord, et d'en sortir, de s'en éloigner, quoique sans le perdre de vue, pour rendre compte de ce qu'il produit et de ce qu'il vaut. On sait que le commentaire sportif a la particularité de se faire à chaud, assurant sa beauté et son intérêt, pour le meilleur et le pire. Les deux peuvent parfois se retrouver chez un seul et même commentateur, comme chez Thierry Roland, aujourd'hui disparu et peu connu des plus jeunes générations. Il ravit et désespéra la France pendant quatre décennies, sans que personne ne puisse douter, sous la couche parfois épaisse de son chauvinisme et de ses références parfois douteuses, du véritable amour qu'il portait au football en général et à l'équipe de France en particulier. C'est sans doute cette passion qui le conduisit à qualifier de « salaud » un arbitre international qui ne rendait pas une décision favorable à l'équipe de France, alors encore brouillonne et poussive, il est vrai, mais si enthousiaste et volontaire, du début de l'ère Platini-Hidalgo. Le chanteur Jean-Louis Murat a beau y voir le summum du commentaire sportif dans la bouche d'un anarchiste de droite, nous préférons garder en mémoire, la grossièreté mise à part, son soupir de soulagement poussé à l'antenne, lors de la première victoire française en Coupe de monde, à Paris, en 1998. Il y a de ces victoires sur l'adversité qu'on attend si longtemps qu'on est tenté de se dire qu'après cela, on peut bien laisser mourir en paix son âme de passionné de football.

Puissent, pour le reste, certains commentateurs faire leur la jolie maxime de Goethe : « parler est un besoin, écouter est un talent ». À bon entendeur, salut.

Entre-deux
Sur le terrain de Polichinelle

L'entre-deux est, au football, une mesure formellement minimaliste. Elle n'exige à la rigueur pas même la présence d'un arbitre sur les terrains amateurs, les plus beaux qui soient. Deux joueurs se font face et un troisième laisse tomber le ballon entre eux pour le remettre en jeu. Grâce à elle, on peut pacifier une partie et rendre à nouveau le ballon vivant et commun. Tout autrement qu'une mi-temps, de façon moins laborieuse qu'un corner et plus légère qu'un coup de pied arrêté, elle permet de faire la soudure entre deux moments d'une partie qui n'aurait jamais dû s'interrompre. On y a, hélas, désormais de plus en plus rarement recours. On s'en servait très souvent naguère, après un incident mineur ou suite à l'interruption intempestive d'une action. On ne compte pas les générations d'écoliers auxquelles elle permit de mettre un terme rapide et définitif à des conflits homériques que la sonnerie de la fin de la récréation aurait suspendus sans les résoudre tout à fait. Combien de vendettas s'est-on épargnées par le rebond équitable d'une balle loyalement disputée !

Le football amateur, celui des trottoirs, des petits clubs et des terrains vagues, qu'on pratique pour rien entre amis, avec ses gosses et ses voisins, en feignant de jouer sa peau sur des malentendus qui s'évaporent aussi vite qu'ils apparaissent, non pas le « vrai » mais le *seul* football qui soit à nos yeux, irréductible à des courbes autres qu'esthétiques ou émotionnelles et soluble dans aucune équation, ce football des simples amoureux de foot en fit longtemps un usage immodéré et lénifiant. La pratique de l'entre-deux semble appartenir à présent à une lointaine époque du football, quand le jeu primait encore sur l'enjeu et que le beau geste valait la victoire. De l'entre-deux, en somme, il reste trois fois rien.

C'est pourtant à cette règle un peu désuète, guère plus appliquée même en match officiel, que nous songeons lorsque, entre chien et loup, nous entreprenons de distinguer et même d'opposer deux approches antagonistes du football. Notre temps est marqué par le triomphe du sport-spectacle dont nous avons rappelé comment il est devenu, sur fond de rationalisation scientifique et économique de l'activité sportive, un *business* comme un autre. Rendu à la fois omniprésent et hyper-bruyant par la machine médiatique, il s'en trouve quelque peu défiguré et apparaît sous un jour parfois grotesque. Étayé par des sciences de plus en plus fines et connexes, qui en ont fait ce jeu d'une intensité et d'une précision inégalées mais presque entièrement voué à la religion du seul résultat, le football est un ancien rite populaire désormais enfermé dans des consoles numériques ou épinglé sur les tableaux des *bookmakers*. On n'en parle plus qu'avec la fierté tapageuse de ces supporters qui ont troqué la passion du jeu contre la rage aveugle d'afficher, au bureau ou à l'usine, des victoires remportées par des champions interchangeables et, si possible, humiliantes pour l'adversaire. Son succès, c'est son agonie ; sa maîtrise théorique, un leurre ; son exploitation à tous crins, un naufrage.

Mais le football n'a pas disparu. Il n'a même pas pris une ride. Son noyau vital n'est pas atteint. Faisant fi de la logique des recruteurs avides de perles rares et des annonceurs publicitaires toujours plus gloutons, il reste sourd à toutes les charges intérieures et extérieures qu'il subit. Ni ses prétendus amateurs, ni ses connaisseurs autoproclamés, ni ses pourfendeurs et autres détracteurs, ne sont à même de le confisquer ou de le dénaturer. De lui, on serait tenté de dire ce qu'un éminent philosophe dont nous aurons à reparler, dit « du libre arbitre, de la mauvaise volonté et de la personne en général », à savoir que « ce qui nous échappe, c'est en somme le plus précieux : l'entre-deux, et par conséquent la modulation elle-même » !

Pour s'en convaincre, il faut chercher le football dans les interstices et dans les intervalles, là où il n'a jamais cessé d'être. Malgré son âge et les vicissitudes de son histoire, on le retrouve, intact et éclatant de jeunesse, au coin des rues, sur les stades perdus au milieu de nulle part, là où se rencontrent dans les temps libres de l'existence celles et ceux qui, de tous âges et de toutes conditions, sans autre ambition que celle de jouer pour jouer, font vivre leurs rêves tranquilles. C'est là que bat le cœur d'un sport qui se partage sans coupe, ni trophée, ni écho médiatique d'aucun type, ni même public. En ces lieux-là, le football vit de sa belle vie et se moque du qu'en-vaincra-t-on. Il roule pour lui-même. Il tourne rond. Comme les yeux d'un gamin que, pour quelques poignées de minutes arrachées aux routines et aux obligations, on est ou, mieux encore, que l'on redevient, avant de replonger dans le sérieux de l'existence.

Pour comprendre ce qui fait son attrait mystérieux, il faut passer de l'autre côté de la ligne médiane du terrain du pseudo-savoir. On s'étonnera à peine d'y découvrir une équipe d'un genre iconoclaste. Se jouant des spécialistes de tout poil de la chose footballistique et des matadors du discours sportif, elle ressemble à ces petites troupes de saltimbanques en haillons, dégingandés et rieurs, qui font l'entraînement buissonnier. Ceux-là s'échauffent un peu gauchement, comme ces *teams* qui ne paient pas de mine. On ne s'attend pas à les voir déployer une quelconque adresse. Sur eux, on ne miserait pas un sou. Mais qui a joué au football sait que, là comme dans les autres compartiments de la vie, il arrive qu'on juge hâtivement le niveau de ses adversaires. Ils se révèlent parfois plus retors et moins gauches qu'on aurait voulu le croire.

Alors, quand les « maîtres ignorants » occupent le haut du pavé, qu'ils ont accumulé tant de vains succès et qu'ils ont fini par jeter la balle du foot avec l'eau devenue douteuse du bain de son histoire, il est temps de chercher d'autres expédients. Le moment est venu de faire entrer les seconds couteaux, d'élargir le spectre comptable au-delà du numéro 11, d'activer le plan B et de laisser faire la magie des surfaces en désordre. À la lumière aveuglante d'un divertissement dont il serait vain de prétendre se débarrasser comme d'une sale manie d'esprits creux, il convient peut-être de préférer, avec Polichinelle, le clair-obscur d'un mystère sans secret ni énigme, indissociablement superficiel et profond. Ses « gardiens » sont aussi rares que précieux. Ils servent et défendent pourtant le football non comme des propriétaires se croyant tout permis pour disposer de leur bien, mais à la manière empruntée et sublime des enfants qui pratiquent un jeu comme si c'était la toute première fois et qui comprennent qu'il devra toujours en être ainsi. On aime avant tout de ne pas savoir pourquoi l'on aime, et c'est parfait ainsi.

Laissons donc entrouverte la porte des choses intermédiaires. Comme l'amour, la vie, le temps, la liberté ou l'aventure, elles ne sont jamais totalement hors de notre portée, ni tout à fait maîtrisables. Dans l'entrebâillement et le flot évanescent de ce que nous entendons sans tout à fait le comprendre, il y a peut-être un espace et un temps susceptibles de nous faire pénétrer sur ce territoire privé de drapeau et de frontière qui a pour nom commun, si commun : football.

II.

LES GARDIENS DU MYSTÈRE

« Le mystère, comme je l'entends, c'est le fait quotidien, c'est l'élémentaire quand ils sont reconnus comme davantage, en leur donnée immédiate, que toutes les descriptions que l'on peut en faire. »

Yves Bonnefoy

« Ici, celui qui sait "presque tout" ne sait rien, et moins que rien, il n'en est même pas au commencement du commencement ! »

Vladimir Jankélévitch

6.

Portrait d'un virtuose du rien en homme de tête

Il a tout gagné ou presque. Il a illuminé la vie de millions de gens, dont celle de l'auteur de ces pages, qui faisait tout juste ses gammes et ses arpèges en bas de sa maison, quand lui écrivait des symphonies et des opéras restés dans l'Histoire. La liste de ses titres est longue comme une de ses transversales millimétrées. Il a surtout marqué le football comme personne avant lui, ni après lui, par ses prouesses techniques, sa *vista* et son sens tactique hors norme. Les stades ont chanté son prénom comme un seul homme. Il a reçu trois fois de suite le Ballon d'Or, consécration individuelle suprême. La médaille Fields des footballeurs, la Légion d'honneur des tripoteurs de balle, le prix Nobel des buteurs-passeurs. Avant ceux, frappés depuis les quatre points cardinaux du champ de tir, par le génial Juninho, d'une manière qui est encore largement débattue, ses coups francs brossés de l'intérieur du pied droit ont été le cauchemar des gardiens de but du monde entier. Certains en rêvent encore. Les stoppeurs les plus rugueux et les libéros les moins candides se sont épuisés à vouloir le neutraliser par tous les moyens, parfois les moins recommandables et de préférence les plus sournois. Il fut à l'évidence moins complet techniquement et moins puissant physiquement que ses illustres prédécesseurs cumulant, eux, tous les atouts imaginables – les Pelé, Di Stefano, Eusebio, Kopa, Puskas et autres Cruyff. Moins impressionnant et moins spectaculaire que ses contemporains, tels les vire-voletants Maradona ou Zico, ou que ses successeurs de génie, fils d'un entraînement devenu hyper-rationnel comme le divin Van Basten, l'impérial Baggio, les géniaux Safet Susic ou Dragan Stojkovic, *alias* « Pixie », l'unique Zidane, les deux as nommés Ronaldo, le prodigieux Ronaldinho ou l'inégalable Messi. Eux sont capables d'imposer leur puissance physique, leur vitesse de pointe et leur talent technique à tous leurs adversaires avec une aisance déconcertante.

Recalé à l'entrée du centre de formation pour insuffisance pulmonaire et pour un cœur jugé trop gros, son souffle à lui éclaire le jeu, fait voler la craie des lignes et gonfler les filets des buts comme des voiles de navire. Assez pour devenir le prince de Nancy, puis le roi de Saint-Étienne et bientôt de la France, avant d'être sacré empereur à Turin, à vingt-sept ans tout ronds. En plus du ballon, il mit, en quinze ans de carrière professionnelle, l'Europe et le monde du foot à ses pieds ailés. Entre 1976 et 1986, le renouveau du football français, après presque deux décennies bien ternes, c'est d'abord à lui qu'on le doit. Il n'en fut pas le seul artisan, mais le plus grand architecte. Son talent est du genre à déteindre positivement sur ses partenaires et sur leurs successeurs dans le poste.

Ses qualités ne sont pourtant pas naturelles. Elles sont l'héritage des leçons de choses de son père, à la fois footeux et matheux. Il leur doit son style et sa légende. Ce legs paternel repose sur des principes simples : faire courir le ballon plutôt que courir après ; offrir une transversale de quarante mètres sur mesure plutôt que deux dribbles chaloupés dans un mouchoir de poche ou trois passes laborieuses dans les tranchées creusées par les milieux de terrain ; permettre à ses partenaires de briller pour partager les fruits de leurs efforts, quitte à s'effacer ou à laisser le ballon filer dans son dos ou entre ses jambes ; marquer et faire marquer des buts avec un plaisir égal ; tout faire pour conduire l'équipe vers la victoire, en optimisant chaque secteur du jeu et en exploitant pleinement les qualités de ses coéquipiers, autant que les défauts de ses adversaires ; construire des gestes et des trajectoires dans sa propre tête avant que quiconque ne puisse, sur le terrain ou dans les tribunes, en entrevoir la simple possibilité.

Si le football se joue dans une tête, c'est d'abord dans la sienne. Sa conception du jeu est un mixte inégalé à ce jour d'intuition, de rouerie et d'anticipation : penser à servir un partenaire en le choisissant avant d'avoir reçu le ballon et sans que personne puisse soupçonner ce qui se trame entre ses deux oreilles, telle est la base de son jeu. On se rappelle sa passe aveugle au jeune Bruno Bellone, lors d'un quart de finale palpitant comme aucun autre, le jour de ses trente et un ans, sur les hauteurs de Guadalajara, face à un Brésil de rêve. Cette équipe réputée imbattable, au moins sur le papier, avec Zico, Careca et Socrates en ogives offensives, il l'éliminera après avoir marqué un but tout cuit et s'être offert le luxe de rater, le jour de son anniversaire, son penalty, libérant les sarcasmes de ceux qui l'attendaient au tournant en tribune de presse. Il ne jouait alors que sur une seule cheville, l'autre ayant été progressivement mise hors service par les cruels assauts de ses multiples chiens de garde.

Chacune des équipes dans lesquelles évolue le bambin de la rue Saint-Exupéry fait de lui son capitaine et son leader naturel. Il est à la fois le maître du terrain et le chef du vestiaire. Il contraint tranquillement chaque entraîneur de club, même le plus capé, à s'appuyer sur sa vitesse supersonique de lecture du jeu. Même le sélectionneur national (il n'en connaît qu'un en la personne de Michel Hidalgo, mais lequel !) doit pactiser avec son aura. Entre deux matchs, il entretient des relations houleuses avec les journalistes sportifs, qui font de lui un héros dont on attend tout et, à vrai dire, trop. Plus que ses outrances verbales contre le corps des donneurs de leçons, ce sont ses fulgurances tactiques, ses frappes enroulées sur coup franc à mi-distance et ses dribbles ravageurs qui sont ses véritables marques de fabrique. Ils n'ont pas d'équivalent avant, ni après lui. Sans avoir jamais gagné la Coupe du monde, seul titre qui manque à son palmarès exceptionnel, son charisme et son élégance, osons dire avec l'« *Avvocato* » Giovanni Agnelli (le président de la Fiat et de la Juventus, les deux totems transalpins) sa « classe », l'installent au sommet du gotha mondial. Dans chaque orchestre, il tient un seul et même rôle : chef. Incontesté et incontestable. À part le ballon sur le terrain et la coupe en tribune, rien ni personne ne brille plus haut que lui dans l'Olympe du football.

Souvent blessé et opéré dès les premiers temps de sa carrière, à tel point qu'on le croit perdu pour le football avant qu'il ait atteint son premier quart de siècle, il joue trois phases finales de Coupe du monde, dont deux sur un seul pied, et y brille tout de même, conduisant deux fois ses coéquipiers jusqu'en demi-finale de la compétition reine. Nonobstant la hargne de ceux qui le « marquent à la culotte » et ne lui « laissent pas un millimètre » de liberté, il vole sur le terrain. C'est singulièrement le cas ce soir du 16 mars 1983, lors d'un quart de finale de la Coupe des clubs champions remporté avec la Juventus de Turin sur le score de 3 à 1 contre Aston Villa. Il fait alors, selon ses propres dires, un des plus beaux matchs de sa carrière. Il devient surtout pour plusieurs années l'enfant chéri de la grande famille du football italien, frisant régulièrement le dix sur dix dans la presse locale, connue pour avoir la dent très dure.

Lorsqu'il choisit de tirer sa révérence, en levant humblement le bras sous la pluie turinoise, le gamin de Jœuf est au faîte de sa gloire. Il n'a pas encore trente-deux ans. On est au printemps 1987. Le 17 mai exactement. La scène se joue sous le même ciel que celui que contemplait son grand-père piémontais Francesco, maçon de son état. Son départ plonge les stades de l'Europe entière dans la stupeur et dans le deuil. On le loue et on le pleure bien au-delà des Alpes. Il faut dire que, sur leurs deux versants rivaux, ses passes aveugles et ses coups de pied arrêtés lui ont garanti une insolente réussite. Ils ont surtout contribué à garnir de trophées le salon cossu de la Vieille Dame. C'est le nom que l'on donne à la Juventus de Turin, son club de cœur, qu'il a bien aidé à évincer le mythique Torino, l'autre club piémontais, durablement déprimé et jamais complètement remis après avoir été décimé, quelques années plus tôt, par un crash aérien sur la mélancolique colline de Superga. La « Juve », alors dirigée par le «Trap » Giovanni Trappatoni, ce petit-fils d'émigrés piémontais installés en Lorraine, champion aux pieds d'or, l'a conduite à la domination européenne, puis mondiale. On parle de ces heures où le championnat italien, sobrement baptisé *Calcio*, faisait la course seul en tête et attirait les meilleurs joueurs du globe, de la Pologne de Zibi Boniek au Brésil de Falcao et de Zico.

À l'âge des premiers signes de déclin physique, il ne peut se résoudre à jouer un simple rôle de figurant dans lequel personne ne reconnaîtrait plus sa partition habituelle de virtuose. Frapper le sol comme Zeus, conquérir les terrains étrangers comme Hannibal, écrire sa légende tels Alexandre et César, prendre d'assaut les forteresses européennes les mieux défendues en cumulant la ruse de David, la fougue de Bonaparte et le génie tactique de Napoléon, dire non à la défaite programmée contre les puissances de l'Axe footballistique (les Allemands et les Italiens !), sortir la France de l'OTAN des faire-valoir et des vaincus de l'Amérique (en l'occurrence du Sud, celle des Brésiliens et des Argentins) à la manière du Général – ou rien : tel est son destin national et international.

Mieux vaut sans doute disparaître volontairement et définitivement des terrains sans se retourner, en levant simplement le bras pour dire adieu, comme il le fait, ce triste et pluvieux jour de mai 1987, plutôt que de mendier la gratitude mémorielle. Tout vaut mieux que ressembler à ceux qui veulent être ce qu'ils ont été. Comme ces stars de cinéma auxquelles on accorde quelques répliques en souvenir du passé et qu'on honore du droit de figurer au générique, mais qui font le film de trop. Le petit Français d'origine italienne a porté haut les couleurs de son pays et de ses trois clubs successifs. Trop pour se hasarder à jouer des prolongations forcément pathétiques. Avec une seule cheville valide et une lassitude tenace des mises au vert et des régimes alimentaires, le calcul est aussi vite fait que sa lecture des failles d'un mur de coup franc, des signes de fébrilité d'un portier ou de la position de ses coéquipiers dans son dos. Il choisit de s'arrêter au sommet, avant de risquer de dévaler, comme tant d'autres avant et après lui, la pente inexorable de la médiocrité. Jusqu'au bout, il est différent. Il ne peut donner le spectacle d'un déclin inexorable qu'on pardonnerait à n'importe qui d'autre. Mais pas au chef. Pas au génie. Il est les deux.

Celui qui signait ses cahiers d'écolier « Peléatini » a mis sa griffe sur le sport le plus populaire et le plus universel, en inventant une nouvelle manière d'animer et de mener le jeu. Plus que son modèle Pelé ou son rival Maradona, tous deux stratosphériques, c'est lui qui a fait du numéro 10 un chiffre définitivement magique. Pythagore, amoureux présocratique de la Décade, a dû l'applaudir dans sa tombe, en Grande-Grèce. L'anticipation élevée au rang d'un art d'optimiser tous les compartiments d'un jeu qu'il ne s'agit pas seulement de pratiquer pour gagner des matchs, mais de rendre intelligible en développant toutes ses potentialités : c'est tout cela à la fois qui caractérise Michel Platini, ce joueur-phénomène auquel un premier livre est consacré alors qu'il a seulement vingt-deux ans. « Platoche », comme on l'appelle affectueusement dans les bars et dans les cours de récréation, aux

heures bénies de son règne planétaire. Ou encore
« Michel », quand l'arbitre siffle une faute à vingt
mètres de la cage la mieux gardée et que le Parc des
Princes se met à murmurer son nom comme celui
d'un sauveur.

Plus encore qu'au moment de nommer un
gouvernement ou de voir apparaître, tous les sept
ans alors, le visage du nouveau président de la
République au journal télévisé du dimanche soir, la
nation entière retient son souffle et croise les doigts
en priant pour qu'il fasse un miracle. Comme ce
fameux 18 novembre 1981, où il qualifie les Bleus
contre les Pays-Bas, qu'on pouvait encore appeler
la Hollande, pour le *Mùndial* espagnol du plus
sublime coup franc enroulé dans le petit filet de
la grande histoire du football. Avant de récidiver
au même endroit trois ans plus tard, pour offrir
à la France son premier trophée européen contre
l'Espagne, qui sombre piteusement sous le bras
fuyant du pauvre Arconada. Ce jour-là, il fait des
Tricolores les Bleus et le portier ibère donne son
nom à une bourde que d'autres répéteront. Ce
faisant, il ouvre la voie des succès futurs de ses
puînés, qui sont, en un sens, tous peu ou prou ses
héritiers. Il n'hésitera pas à jeter, goguenard, cette
vérité au visage des champions du monde de 1998,
dans le vestiaire du Stade de France, où il se rend
sans doute heureux et un peu marri de ne pas y être
parvenu avec son carré magique des années bénies.

On ne peut *a priori* imaginer un joueur plus
qualifié pour rendre raison de l'essence du football

que Michel Platini. Qui mieux que lui, en effet, peut expliquer ce sport où la balle se pousse et se contrôle avec les pieds, la poitrine, les genoux et les cuisses, se relance et se pare avec les mains et se transmet avec la tête ? Et pourtant ! Au moment de remiser ses crampons aux oubliettes de l'Histoire pour entamer, entre 1988 et 1992, une brève et sans doute trop précoce carrière de sélectionneur national presque aussitôt reconverti en *guest star* du journalisme sportif, un grand quotidien national français lui propose de dialoguer avec une « intellectuelle » de premier plan sur cinq colonnes. C'est la toute fraîche lauréate du prix Goncourt, couronnée pour *L'Amant*, Marguerite Duras, qui est choisie par *Libération*. Comme la « Casa Blanca » madrilène lui proposera, au lendemain d'un Euro suédois manqué, en 1992, un chèque en blanc qu'il refusera pour diriger le club merengue du Real, on lui offre, au crépuscule de son idolâtrie, sur un plateau la curiosité de celle qui, parfois un peu directive mais sincèrement fascinée par « l'angelhomme » qu'elle est certaine d'avoir rencontré, veut à tout prix comprendre ce qu'est le football. Elle tient à savoir pourquoi il fascine tant les gens et jusqu'aux intellectuels.

À chaque ligne de l'entretien, qui sera adapté quelques années plus tard au théâtre par le metteur en scène Mohamed El Khatib, avec la complicité des comédiens Laurent Poitrenaux et Anne Brochet, on perçoit son désir de dégager la nature secrète du football. Pour cela, elle est prête à suspendre ses préjugés de classe, à museler toute forme de dédain intellectuel pour une activité qui peut sembler futile aux gens de culture. Elle accepte même de surmonter le handicap que pouvait constituer alors, pour certains esprits étroits, son appartenance au deuxième sexe. Et voilà que la montagne, dont les deux versants se nomment Marguerite et Michel, semble accoucher d'une souris ! Que la fontaine du Verbe la plus abondante voit sa source se tarir de façon inattendue ! Le cacique du football paraît collé à son grand oral de fin de carrière. Stupeur. La plume de la romancière, d'ordinaire vigoureuse et alerte, se fige ; elle se révèle aussi sèche et impuissante que celle d'un écolier ignorant sa leçon. Navrant. Inattendu et même inouï.

Le verdict du champion tombe. Il est sans appel, ni nuance. Le football « n'a rien » : « pas de vérité », « pas de loi ». Pas plus que l'amour ou la mort. À son endroit, on ne peut rien dire de précis, ni de définitif, au même titre que sur le temps et l'autre. Rien qui puisse faire l'objet d'un savoir rationnellement formulable et transmissible, comme à propos de Dieu et du moi. Si « on essaie de l'expliquer », force est de reconnaître que « personne n'arrive à l'expliquer », à l'instar de l'origine du monde et de l'existence des choses en général. Pas même celui qui sait tout du football. Quand il en est question, même celui qui en a assimilé tous les rouages déclare forfait. Les prétendants à sa vérité échouent les uns après les autres. Leurs constructions théoriques sont faites de la même toile évanescente que celle que l'épouse d'Ulysse tisse le jour et défait la nuit. C'est la chronique d'une déroute annoncée pour le plus glorieux des hoplites.

Le football est partout ; il est connu de tous et nul ne peut le définir. Il ressemble à cet homme que recherche Diogène sur l'agora à midi en plein soleil, à la fois omniprésent et étrangement introuvable. Même le grand Platini manque le cadre, quand il s'agit de l'atteindre avec précision. À l'image du grand général grec Lachès, incapable de définir le courage et subissant les contre-attaques de Socrate dans un dialogue platonicien éponyme qui s'achève sur des apories comme un match prend fin sur un score vierge, le plus disert des buteurs et le moins borné des meneurs n'est pas en mesure d'expliquer à quoi il joue ! Il se met à balbutier et à hésiter, quand il entre dans la surface de définition. Comme si tous les mots de la langue n'étaient ici d'aucun secours pour celui qui sait par ailleurs, sur un terrain qui l'a choisi comme maître, se tirer des situations les plus délicates et les retourner toutes à son avantage. Mais cette défaite n'est pas celle de la pensée, du langage, du dialogue ou même de l'expérience. Elle n'est pas non plus celle d'un ou deux individus isolés, qui échoueraient à converser. Le match n'est pas nul entre ces deux-là. Il n'est pas à rejouer sans fin, comme ceux de la *Cup* anglaise, quand aucune équipe ne l'emporte sur sa rivale. Il n'a jamais commencé.

Tel un ballon hors de contrôle, le football se dérobe. La conquête de son intelligibilité se fait sur un autre terrain. Aussi inattendu et déroutant qu'une passe sublime du roi Platoche illuminant le jeu. Aussi imprévisible qu'un coup franc de saint Michel tombant comme une feuille morte le long d'un poteau complice. Même pour celui pour celui qui connaît ses secrets, le football est mystérieux. Tout ce que trouve à dire à notre champion mutique, c'est, non sans ironie, que « le football, ce n'est pas du patinage artistique ». Circulez, il n'y a rien à savoir. Sinon qu'au jeu de définir le football, celui qui colle le mieux à la chose adhère le moins à son concept. Sans loi, ni vérité, cela veut-il donc dire que le football est impensable ?

Ici, une prolongation s'impose. Il est temps de faire entrer du sang neuf, en privilégiant l'expérience. Cela tombe bien : un jeune homme aux cheveux blancs cumule les deux atouts ; il s'échauffe depuis un certain temps déjà dans les marges de ses traités philosophiques. Il est justement prêt à faire son entrée sur un terrain où il n'a probablement jamais mis les pieds. Le « rien » évoqué par le roi des surfaces vertes n'a jamais effleuré son esprit touche-à-tout. Peu importe. La vraie tactique se moque de la tactique. Voyons de quoi est capable cet infatigable chasseur de mystères à propos de notre affaire. Au pied de sa vignette, dans l'album des inclassables de grande classe, on peut lire : « Braconne gaiement en pointe, là où personne ne l'attend. »

7.

Le dernier qualifié

C'est un virtuose d'un genre particulier et même unique. Un de ces polymathes dont on a perdu la trace sur les écrans du présent. Un premier de la classe qui connaît son grec, son latin et son russe, et mille autres choses, sur le bout de ses doigts de cacique de la philosophie. Un agrégé de tout. Dans le privé, il est un musicien de grande valeur, que seule une mémoire capricieuse a empêché de devenir un soliste de renom. Il joue inlassablement Fauré, Ravel, Liszt (qu'il prénomme François) et Debussy pour lui-même chaque jour, sur ses différents pianos à queue trônant dans son salon du Quai-aux-Fleurs, sur l'île de la Cité, au cœur flottant et fleuri de Paris. Le reste du temps, il est philosophe. Un parmi les plus grands de son époque, qui n'en manque pas. Sa manière éternellement adolescente d'enjamber deux à deux avec sa silhouette élancée les marches des escaliers de la Sorbonne, sa propension à sautiller en battant des mains dans les manifestations estudiantines et sa manie de rabattre la mèche folle qui recouvre son front, quand il cite Platon ou Baltasar Gracian dans le texte devant son tableau noir, en font autre chose qu'un vain mandarin des Idées vivant du seul crédit qu'il s'accorde. Il laisse derrière lui une œuvre imposante, aujourd'hui traduite dans presque toutes les langues. Il n'a obtenu ni le prix Nobel, ni le privilège d'entrer à l'Académie française, ni son ticket au Collège de France, comme son illustre et vénéré maître Henri Bergson, qui avait fait le « *hat trick* », le coup du chapeau (trois buts dans le même match). Mais il a brillé de tous ses feux dans de multiples ouvrages qui ne souffrent aucune comparaison à leur démesure intellectuelle et stylistique. Et ses mérites ne s'arrêtent pas là.

Au mitan de son existence, il devient un résistant sans coup d'éclat mais tenace, refusant les médailles et les éloges. Toute sa vie, il protège jalousement la mémoire de ceux à qui il pense devoir sa survie à la barbarie nazie. Celle qui le désigne en un sombre jour de 1940, en tant que Juif, comme un sous-homme privé du droit d'enseigner, en lui contestant un peu plus tard jusqu'au luxe d'exister. À sa manière, il est un véritable « athlète de la mémoire », « un héros de notre temps qui, par un acte de protestation surnaturelle contre l'usure, a arrêté le temps au moment historique du gouffre qui désormais

nous fonde », selon les belles formules de son assis-
tante et amie Élisabeth de Fontenay. En penseur
têtu du temps qui ne se suspend pas plus qu'il ne se
définit, notre homme ne peut se résoudre à la seule
possibilité de laisser l'oubli, cette sale et misérable
usure des choses, l'emporter sur l'abomination la
plus diaboliquement justifiée. Impensable pour
lui de laisser ceux qui triomphent par la violence
et la haine en vous prenant tout, jusqu'au droit le
plus simple d'être, s'assurer une victoire trop facile
dans le match déséquilibré que l'Histoire joue avec
les parias du jour d'avant. Rayer de sa vie tout ce
qui, dans l'ordre de l'esprit et de la musique (les
deux poumons de son être !), aurait pu le rattacher
aux bourreaux d'hier, telle est la forme radicale à
l'extrême de l'engagement jamais démenti qu'il
prend au lendemain de la guerre contre la féconde
et délirante Germanie, qui va rayonner comme
jamais, sans qu'il s'en préoccupe nullement, avec
sa glorieuse *Mannschaft*, l'équipe nationale de
la toute jeune République fédérale allemande,
qui s'impose en Coupe du monde en Suisse, en
1954, puis à nouveau chez elle, en 1974. Incapable
d'admettre qu'on puisse dormir tranquille après
tant d'horreurs, il tient son engagement jusqu'à
sa mort : ni musique, ni philosophie allemandes !
Seules lui importent les tâches de veiller sur les
cendres de ceux qui furent abolis et de préserver
la mémoire sacrée de ceux qui se levèrent pour
résister à leur anéantissement. Au prix de leur vie
et de leur œuvre, comme Cavaillès, Politzer et bien

par d'autres, à vrai dire. Face à l'abjection, ceux-ci eurent le mérite de jouer le match de leur vie. Ils l'ont héroïquement gagné, attachés à des pelotons d'exécution qui ne les firent ni trembler, ni disparaître de nos mémoires admiratives.

Du sport en général et du football en particulier, on peut raisonnablement supposer que notre philosophe ne connut personnellement rien ou presque. C'était le cas, dans les générations d'antan, de l'écrasante majorité de ses pairs. Son référentiel sociologique, culturel et historique, n'est pas encore celui d'un Michel Serres, d'un Jean-Luc Marion ou d'un Pierre Bourdieu, tous sportifs et tous savants passionnés en la matière. On l'imagine mal trépigner devant son poste, faire la *ola* en tribune (encore que), supporter une équipe contre une autre ou se préoccuper des transferts du *mercato*. Non qu'il soit incapable de sauter, ni de chanter en pleine rue, comme au printemps 1968, où il bat le pavé parisien en prenant résolument parti pour le camp de la jeunesse et en adoptant pour seule tactique la force révolutionnaire du Verbe. En lecteur de Marc-Aurèle, il n'aurait pu qu'acquiescer par principe aux mots tirés des *Pensées pour moi-même*, dont l'auteur déclare « ne(s)'être jamais passionné, au cirque, pour les verts ou pour les bleus, ni pour les petits ou les longs boucliers ». On imagine le dégoût que lui aurait inspiré une boucherie aussi stupide et tragique que le drame du Heysel. Sans parler du scandale qu'auraient constitué, pour une conscience aussi profonde et délicate que la sienne, les transactions vertigineuses qui conduisent de grands intérêts financiers à rémunérer un homme, fût-il un génie du ballon rond, à hauteur du budget national de vaccination ou de scolarisation de la petite enfance d'un peuple entier. Devant ce qu'est devenu le sport à l'époque contemporaine, ses excès et ses écarts par rapport à l'éthique la plus élémentaire, on conçoit mal une autre réaction, de la part du penseur le plus critique de l'immédiat et de la pureté, qu'un haussement d'épaules et un mouvement de sourcils, aussi broussailleux que perplexes et tout sauf complaisants.

Ses qualités athlétiques sont incontestables et multiples. Cependant il prit soin de les réserver à des champs plus spirituels que physiques. S'il est athlète, c'est d'abord de la volonté et de son poids le plus lourd à porter, celui du Refus. En effet, si pour vouloir il suffit en somme de vouloir, encore faut-il avoir le courage et la force de le vouloir ! Ses amis ne manquent pas de le souligner. Ils forment la cohorte de celles et ceux qui eurent la chance inouïe de l'accompagner sur le long chemin de pensée qui est le sien, ce chemin pavé de morts et d'étudiants qui mène quelque part et que bordent les deux fossés buissonniers de l'enseignement et de l'écriture. L'un de ses proches, Robert Maggiori, étudiant d'origine italienne devenu professeur, puis journaliste et éditeur de renom, auquel il dédie sa somme philosophique intitulée *Le Je-ne-sais-quoi et le Presque-rien*, ose filer la métaphore sportive pour dire ce que son maître et ami représente pour lui,

cinq ans après sa disparition, survenue en 1985 :
« Jankélévitch ? Il serait cocasse de dire du philosophe du Temps qu'il était en... avance sur son
temps. Pourtant, il semble bien, pour utiliser une
image sportive, qu'il ait été "hors-jeu", ou "trop en
pointe" ».

La cocasserie de l'allusion footballistique
confine au génie iconoclaste. Parler de Vladimir
Jankélévitch (1903-1985) en recourant à un tel
vocabulaire ne va pas de soi ; mais c'est éclai-
rant. C'est sans doute la moins mauvaise manière
de qualifier sa façon unique de poser les grands
problèmes philosophiques, avec toujours en toile
de fond la mort, l'amour et le temps, mystères
par excellence. Car, ici, la philosophie et l'existence d'un homme virent à la paradoxologie. Elles
donnent à penser comme aucune autre ce qu'elles
n'ont pas rencontré *in vivo*. Vladimir Jankélévitch
est un philosophe pur et dur, au sens où Gilles
Deleuze le définit. Il ne se contente pas de discuter,
ni de réfléchir, ni de communiquer ; il crée des
concepts pour penser ce qui résiste à la pensée.

Un concept est un mot tiré de la langue ordinaire ou savante, voire créé *ad hoc* pour dépasser
celle-ci, dans le but de traiter des enjeux que
le sens commun recouvre sous la banalité du
langage quotidien. La pensée de Jankélévitch en
regorge : la manière, l'occasion, l'intervalle, le
mérite, l'action, l'efficacité, la capture, l'étincelle,
la grâce, l'intuition, l'entrevision, etc. Ces mots
appartiennent aussi légitimement aux philosophes

qu'aux amateurs de football. Ni les uns ni les autres ne semblent en avoir pris conscience. Leur lien avec le football saute pourtant aux yeux, quand on lit entre les lignes du terrain philosophique sur lequel ils sont nés. Ils s'y déplacent comme les joueurs inspirés d'une rencontre avec l'impensé, ce non-dit qui se love dans tout ce qui nous entoure et dont nous sommes faits à notre insu. Sans probablement rien en savoir et sans en avoir jamais soufflé mot dans aucun de ses ouvrages, Jankélévitch nous fournit les ressources pour penser ce que tout le monde connaît à propos du football. Ce n'est pas là le moindre de ses paradoxes et, plus encore, de ses attraits.

À propos de ce « trop bien entendu » qui fonde tous les malentendus, le penseur du « je-ne-sais-quoi » et du « presque-rien » a écrit les plus belles pages de la philosophie. Et si leur lueur savante pouvait éclairer d'un jour inédit le jeu le plus universellement pratiqué et commenté, mais dont personne ne sait dire ce qu'il est vraiment, pas même les plus grands spécialistes ? On peut certes douter que Vladimir Jankélévitch ait quoi que ce soit à nous apprendre sur cette question, parce qu'il manque cruellement d'expérience. On peut bien objecter aussi que trop de livres y ont déjà été consacrés. Mais ces deux contre-attaques ou ces deux replis défensifs viennent buter sur un fait dont la pensée ne peut pas ne pas tenir compte. Il y a des domaines de l'expérience humaine qui ne sont ni réservés, ni épuisables.

Le champ des mystères est ainsi fait qu'on ne peut rencontrer personne qui puisse s'en déclarer maître, ni prétendre en avoir placé tous les aspects dans la pleine lumière de l'Idée. Le football n'échappe pas à la règle. Il appelle des essais toujours renouvelés pour en approcher l'essence, qui n'est ni tout à fait saisissable, ni totalement insaisissable. Y pénétrer, c'est entrer dans un rond central privé de point fixe. S'y risquer est la condition pour observer d'un œil nouveau ce que tout le monde a sous les yeux depuis longtemps, mais sans rien y entendre de plus que ce qu'on en dit communément. C'est pourquoi on ne saurait faire grief à quiconque d'écrire un livre sur ce qui a été mille fois évoqué, mais qui est par nature mystérieusement indéfinissable. On n'écrit jamais trop de chansons d'amour, ni de traités sur le temps, ni de poèmes sur la mort. Se plaindre de devoir encore faire ou dire une chose qu'on n'a pas épuisée ou dont on ne peut faire l'économie, c'est le triste stigmate de l'infantilisme et le signe criard du découragement de ceux qui se vantent des combats qu'ils n'ont pas su mener.

Encore un livre sur le football, objectera-t-on ? Faut-il vraiment *encore* en parler et même y consacrer un livre entier, s'il est déjà partout et tout le temps ? Encore ne veut pas dire ici trop, bien au contraire. C'est, selon Jankélévitch, « "l'Encore" poétique des jésuites Rapin et Ducerceau ». Soit « une allusion à l'infini et une ouverture sur l'indicible. Ce résidu de mystère est la seule chose qui vaille la peine, la seule qu'il importerait de connaître, et qui, comme exprès, demeure inconnaissable ». Qu'est-ce que l'indicible ? C'est « surtout une invitation à dire et à redire sans cesse, un appel toujours renouvelé à la communication ». Et Jankélévitch de préciser le sens exact de cet « encore », tiré de ses lectures de bénitier faites sans confession, ni dogme : « Le mot *Encore*, chez le P. Rapin, ne signifiait pas autre chose : attendez, je n'ai pas tout dit ; on n'a jamais tout dit ; il arrive ainsi qu'au terme de la plus minutieuse analyse et du plus complet dénombrement, un *post-scriptum* ou un *post-dictum* jeté négligemment et comme en passant remette tout en question, ou bien nous suggère, sans avoir l'air d'y toucher, quelque chose de décisif, de suffisant et de très essentiel qui aurait rendu les longs discours inutiles. » C'est le ténébreux Wittgenstein bouleversant et rajeunissant en plein amphithéâtre le brillant Russell, trop tôt enclin à s'installer dans ses théories logiques. C'est l'éternel gamin franco-italien qui a conquis les stades du monde entier et ne peut rien dire de la révolution du jeu de sa vie.

Non, décidément, on n'a jamais tout dit sur rien. Même ce qui a été le plus évoqué, le plus exploré, et peut-être d'abord cela, est justement ce qu'il faut sans cesse reprendre, pour le soumettre à un examen renouvelé de la pensée. Il y a des matchs qu'il faut sans cesse rejouer, des parties héroïques dont on ne peut sortir que défait, sans que personne puisse être déclaré vaincu. Comme ces rugbymen anglais dont un commentateur irremplaçable aimait à dire que, parfois, ils ne gagnent pas, mais que jamais ils ne perdent, quiconque affronte un mystère est voué à l'échec. Le mérite en la matière ne se tire pas de l'impossible victoire ; il est dans la volonté de jouer sans fin. Au jeu du vouloir-jouer comme à celui du chercher-à-penser, personne n'est jamais perdant, pour peu qu'on soit prêt à faire siens les mots de notre barde des Idées : « Ce qui nous échappe, c'est en somme le plus précieux : l'entre-deux, et par conséquent la modulation elle-même, tout ce sur quoi il importerait tant que nous fussions renseignés ». Et voilà l'entre-deux, jamais revenu d'une blessure de notre entendement fini, qui fait son grand retour ! Alors, puisque, comme le temps et l'amour, tout ce qui est essentiel fiche le camp sans qu'on l'ait su, ni compris, ni figé sans le perdre, on peut confier au dernier qualifié le soin d'être le premier de cordée inattendu d'une épopée improbable, dans laquelle les plus pauvres vivent comme Crésus et les plus riches se découvrent sans le sou. Et si, du football, tout restait à dire quand tout en a été dit ?

Au pied de l'interminable liste des mystères qui occupent l'esprit humain, il ne va pas de soi de prétendre ajouter le football. Tout au plus lui accordera-t-on le statut d'une note de bas de page pour le moins suspecte. Une scolie que l'on s'empresserait de griffonner, avant qu'on nous en dissuade. Il faut justifier sa présence du bout des lèvres, tant son statut est celui d'un passager clandestin que chacun identifie à bord, mais que

personne ne reconnaît comme légitime, ni désirable. Sur la feuille de match longue comme une
ligne de touche que la pensée livre avec elle-
même, on peut douter qu'il ait effectivement sa
place. À ce stade des choses, il n'y a là que des
spectateurs sans billet et des voyageurs de passage
sans ticket valide. S'il y a bien une affaire personnelle digne d'être réglée, un sujet d'étonnement
sempiternellement juvénile ou un quelconque
printemps de l'existence à saluer, c'est, semble-
t-il, du côté de l'amour, de la mort, de la beauté
ou de la musique, qu'on a des chances de le
trouver. Ainsi s'exprime la doxa des savants et des
esprits les plus fins. Elle fait la moue devant ceux
qui ne jurent que par les rebonds d'une balle dont
on se demande bien ce qu'ils ont tous à vouloir
soit la taquiner, soit la voir voler vainement. Rien
d'illogique à cela : le sens commun est le banc de
touche sur lequel s'assoient ceux qui ignorent ce
qu'ils savent.

À ce concert de critiques, le penseur de la temporalité ordinaire, trop ordinaire, qu'est Vladimir
Jankélévitch semble s'associer par sa critique
féroce des passe-temps du vulgaire. Que sont en
effet, à le lire, les jeux de cartes, les mots croisés, les
polars et autres spectacles sportifs, sinon de vains
et tragiques efforts pour tuer ce temps dont les
êtres humains se plaignent si souvent de manquer ?
Ne sont-ils pas la preuve la plus évidente de la
tendance de l'homme, si bien brocardée par Pascal,
à se divertir de sa misérable condition de mortel

par « la moindre chose, comme un billard ou une balle qu'il pousse » ? Sont-ils réellement adultes et matures ceux qui, parvenus à l'âge où l'on relit ses classiques, continuent par millions à se consoler de leurs échecs et de leurs impasses existentielles, en s'étourdissant du tintamarre grotesque et de l'infantilisme réglé des parades athlétiques ? C'est pourtant le même Jankélévitch qui nous rappelle que si tout est sérieux, c'est que rien n'est sérieux et, par conséquent, surtout pas ce qui passe pour tel. Renversant la perspective de l'indignation la plus commune, qui dissimule une mauvaise foi trahissant la haine de soi, on s'étonnera de découvrir les inépuisables ressources que sa pensée offre à quiconque accepte de jouer dans les intervalles de nos certitudes. Toute la langue philosophique de Jankélévitch peut s'entendre et se parcourir comme un dictionnaire intempestif et passionné des grandes notions footballistiques que le penseur du « Je-ne-sais-quoi » et du « Presque-rien » a patiemment compilées à de tout autres fins que sportives : l'occasion, l'efficacité, l'incompréhension, la saison, la simplicité, la chance, le mérite, l'intervalle, l'intention, la manière, le renversement, l'ouverture, etc.

Les chapitres qui suivent peuvent se lire comme des invitations à puiser dans le lexique et dans la bibliothèque qu'il nous a légués, pour penser ce dont, pas plus que lui, ni que les meilleurs spécialistes de la philosophie et du football réunis, nous ne savons littéralement rien ou presque. On ne pouvait imaginer un officiel plus prestigieux pour donner en coulisses le coup d'envoi du match improbable opposant le football à la philosophie, et pour renvoyer au vestiaire les boiteux de l'esprit.

8.

Avant tout une aventure

Ouvrons *L'Aventure, l'ennui, le sérieux*. C'est sans doute l'un des plus beaux textes de Jankélévitch, celui qui fit de l'auteur confirmé d'ouvrages savants de philosophie un authentique écrivain. Il s'attache à y définir et à y articuler les trois façons les plus triviales qu'ont les hommes de se rapporter au temps. Il écrit là des pages inégalées sur l'attente et l'amour. Mais, du football, il ne souffle mot. Le terme ne figure nulle part dans son œuvre protéiforme. Elle concentre toutefois comme aucune autre certaines des interrogations qui sont au principe du plaisir qu'il y a à jouer ou à regarder un match. Ce n'est pas le moindre des paradoxes de ce talent hors norme.

Le football, une aventure ? L'association des deux termes peut faire sourire. Surtout à l'heure où les plus grands joueurs de la planète se comportent comme des mercenaires cajolés par des fonds d'investissement, se déplacent dans leur propre jet privé douillettement décoré à leurs initiales et signent des contrats en béton armé que rédigent pour eux des batteries de juristes contorsionnistes. Quand une vedette du ballon tente l'aventure dans un pays limitrophe ou qu'il file à l'heure de la retraite remplir son compte en banque à l'autre bout du marché économique mondial, il ne quitte pas le circuit sécurisé des transactions interbancaires. Celui qui fait profession d'aventure, rappelle Jankélévitch, n'a d'aventurier que le nom. C'est plutôt du côté de l'aventureux, aventurier de fortune et *malgré tout*, qu'il convient de se tourner pour éprouver un frisson d'inconnu. Car celui qui cherche l'aventure, qui se laisse tenter par elle, n'est le contemporain de personne. Pas même de lui-même. Il est plutôt « ex-contemporain », suggère le prince Vladimir, existant littéralement au-delà de soi, comme le temps est hors de ses gonds, dans la bouche d'ombre du *Macbeth* de Shakespeare. Pour un tel être, jouer ne revient pas à passer le temps, ni à le tuer, mais à le vivre pleinement, en se tenant sur le seuil de sa propre existence, en vivant sur le gril, en ne cédant qu'à la seule tentation de devenir un autre par la drague de l'ailleurs et en se déterritorialisant bien autrement que géographiquement. Mais, au concours Lépine des aventures humaines telles que Jankélévitch les définit, les frasques sportives finissent leur course au pied du podium.

Ce dernier ne retient en effet que trois types
d'aventure : l'aventure amoureuse, la plus belle
et la plus enivrante, parrainée depuis Platon par
Pénia et Poros, figures du manque et de l'expédient ; l'aventure esthétique, la moins héroïque et
la plus gratuitement ludique qui soit, mais la moins
anecdotique de toutes ; l'aventure mortelle, enfin,
la plus sérieuse et la moins triviale, celle qu'on
passe sa vie à vouloir comprendre sans jamais y
parvenir et qui s'achève sur une note attendue et
imprévisible à la fois. Et *quid* de l'aventure sportive
en général, et de l'aventure footballistique en particulier ? Ne sont-elles pas, en un sens, un concentré
vécu des trois types d'aventure explorés au fil du
concept par le professeur Jankélévitch ? L'épopée
qui a pour nom football n'est-elle pas, par son goût
du jeu, sa tentation de l'absolu, sa propension au
récit et sa soif d'exploits, un précipité chimique-
ment très dense du risque aventureux ?

Pour le mesurer, il est difficile de savoir ce qu'a
ressenti le premier individu qui, en tapant dans une
sphère bricolée par ses soins, a fait un petit *shoot*
pour lui-même, mais un grand pas pour l'humanité.
Ce geste originel ne figure dans aucun almanach.
Il n'a son entrée dans aucune encyclopédie. Mais,
pour le rencontrer, il suffit de remonter aux temps
bénis de l'enfance, en plongeant dans ses propres
souvenirs, en rouvrant ses albums familiaux ou en
jetant un œil vers les premiers gamins qu'on croise
au coin de la rue. Comme le rappelle malicieusement l'ancien manager des *Reds* de Liverpool, le

truculent Bill Shankly, le football n'est pas, surtout à cet âge, une « question de vie ou de mort : c'est bien plus que cela ». Une fois contracté, le virus est actif toute la vie.

Commencée en famille, dans la rue ou dans la cour des écoles, l'aventure qui conduit un petit d'homme à pousser un ballon avec ses camarades de jeu, comporte sa part de risque et d'aléa. Le poulbot des cours de récréation y joue son image et sa place dans le groupe, autant dire tout ce qu'il a de plus précieux, dès lors que c'est à lui de répondre de sa conduite ou de son usage de la balle. S'il prend un but, c'est une passoire. S'il rate un contrôle ou une frappe, c'est une chèvre. S'il manque le cadre ouvert, c'est un braconnier borgne qui manque les corbeaux au bout de son canon ou, pis encore, un félon qui travaille pour la concurrence. Bien plus que l'adulte qui fait désormais la queue en haut de l'Everest et ne tutoie les sommets que pour y laisser ses déchets et en rapporter des *selfies*, le gosse qui passe des pavés du trottoir au gazon des stades continue de frapper à sa manière indémodable à la porte de l'aventure humaine, en ouvrant celle du club de son quartier. Il faut le voir jouer sa peau sur les terrains, le week-end, en se bouchant au préalable les oreilles et en se bandant les yeux pour ne pas subir le sinistre spectacle qu'offrent trop d'adultes immatures en mal de gloriole et de justice-pour-rire. Il lui faut dribbler entre les hurlements du coach et les appels à l'émancipation de recruteurs en quête de la star du lendemain. Avant de connaître les premières blessures, d'user les bancs de touche ou de déclarer forfait pour cause de contrat scolaire, il éprouve le grand frisson de celui qui, en endossant un maillot de fortune, a la chance de sa vie.

Si le football est une aventure, c'est parce qu'il confirme sans avoir besoin d'argumenter plus avant ce que les pontes de la psyché enseignent du haut de leur chaire : dans la vie d'un être humain, tout se joue quand il commence à comprendre que le réel, c'est, *dixit* maître Jacques, quand on se cogne – contre un poteau adverse, un bloc défensif impénétrable ou un stoppeur qui confond la distribution des prix avec celle des coups. Sans doute pas avant trois ans, mais bien avant d'en avoir vingt-trois. L'aventure du football est surtout belle de ne pas être individuelle, ni atemporelle, comme les vies d'homme sont filles de la culture et du temps. Elle a un début et une fin, qui ont pour limites les coordonnées temporelles d'un match et d'une compétition. Chaque rencontre disputée est une épopée à elle seule. Aucune partie n'est jouée d'avance, ni gagnée avant le coup de sifflet final. De l'échauffement à la douche, en passant par les deux parties du temps réglementaire, la mi-temps, les éventuels temps additionnels et la possible séance de tirs au but, les événements se succèdent selon un ordre qui, pour ritualisé qu'il soit, n'exclut pas les surprises, les coups de force ou du sort, les renversements de situation et les fraternisations plus ou moins rugueuses.

De la glorieuse déroute française à Séville, en demi-finale de la Coupe du monde, en 1982, au miracle d'Istanbul, qui sacrait les *Reds* rois de l'Europe contre un Milan AC hyper-dominateur ayant laissé sa volonté de jouer au vestiaire, les exemples sont légion de ces moments de domination qui laissent un goût amer dans la bouche des vaincus, une fois évaporé le nuage d'euphorie qui les a portés à croire qu'il suffirait de mener largement au score ou de remporter une bataille pour gagner une guerre. Aucune explication rationnelle n'épuise le mystère insondable qui fait d'une partie autre chose que le déroulement cohérent et prévisible d'un ensemble de faits se juxtaposant dans l'espace et se succédant dans le temps. Ni le déséquilibre des forces en présence, ni l'état du terrain, ni la météo du jour ou du soir, ni la préparation d'une équipe, ni l'état de fatigue d'un joueur, ni l'expérience d'un groupe, ni le génie tactique d'un sélectionneur ne suffisent à expliquer à eux seuls ce qui fait l'alchimie singulière d'un moment de football. La vérité d'hier n'exclut pas la désillusion de demain. Le palmarès ronflant des uns ne garantit guère contre la révolte orgueilleuse et la force d'un jour des autres. Ici, tout est contingent et rien n'est assuré. Le terrain n'est pas seulement meuble ; il se transforme à chaque tour de cadran. Le tableau d'affichage peut s'affoler ou le score rester vierge, une seule chose est certaine : un peu comme au tennis, où tout peut à chaque point se renverser, l'issue d'un match n'est jamais fixée une fois pour toutes tant que les joueurs, qu'ils soient encore vingt-deux ou qu'ils se retrouvent en comité restreint, sont sur la pelouse. C'est peut-être la seule vérité du football, même si à plus de 3 ou 4 à 0 à trois minutes de la fin, un renversement comptable de la vapeur semble pour ainsi dire impossible.

Mais l'aventure collective et historique qui a pour nom football ne se limite pas aux seules bornes d'un face-à-face singulier et circonstancié avec l'existence individuelle. Elle se retrouve au fil des compétitions dans lesquelles les équipes se défient. Elle se déplace dans le carnaval chatoyant des écuries qui se créent et dont certaines seulement ne ferment jamais boutique. Fonder un club ou créer une compétition, c'est faire l'ange et risquer de devenir bête. Le football ne serait pas ce qu'il est sans une poignée de pionniers et une horde de durs rêveurs qui ont écrit ses plus belles pages à l'encre de leurs espérances les plus folles et de leurs audaces les moins dicibles. Des deux côtés de la Manche, de Buenos Aires et Rio de Janeiro à Madrid, Milan, Munich ou Moscou, dans les faubourgs de Glasgow comme au pied du Caucase, à Yaoundé à Saint-Ouen ou à New York, on rassemble les énergies et on fédère les volontés à l'ombre des paroisses, des usines, des quartiers et des corporations, depuis presque deux siècles. Partout le but est resté le même, quand il s'agit de fondre sous les couleurs communes d'un club ou d'une association sportive la même envie de briller et, si le ciel le permet, de vaincre. Surtout contre l'ennemi juré, le voisin, le proche, le semblable, celui avec lequel on n'a que des différences imperceptibles et dont on veut se distinguer à tout prix. Le derby entre deux clubs d'une même cité (à Madrid, Buenos Aires, Milan, Berlin ou Londres), comme le *classico* infranational qui oppose deux écuries régionales (comme Lyon et Saint-Étienne) ou la ville de la capitale et un grand club de province (le fameux et fumeux Paris-Marseille), sont souvent l'acmé d'une tension créée sur mesure et artificiellement entretenue par médias et groupes de supporters interposés.

Fondé par un individu richissime ou un groupe en quête d'extension, par un capitaine d'industrie ou un fonds d'investissement, le modèle économique du football a certes changé ces dernières années. L'exploitation marchande des redoutables produits dérivés a explosé et la routine du « *footbusiness* » s'est répandue partout. Malgré cela, c'est le même esprit d'aventure qui continue à pousser les frappés du ballon rond à bâtir des citadelles imprenables, à élever des cathédrales éphémères et à mettre sur l'eau des navires qui mèneront des combats dont rien ne garantit, quels que soient les moyens mis en œuvre, qu'ils seront victorieux. Et que dire des compétitions nationales et internationales, des trophées en tous genres, dont la plupart ont d'abord porté le nom d'un homme ou d'une marque et le sceau d'une volonté individuelle enracinée dans un engagement collectif ?

Ce fut le cas de la désormais oubliée Coupe Marnier, créée en 1897 par le président du même nom du Paris Star. Elle voyait s'affronter, au niveau national, des équipes ne comportant pas plus de trois joueurs d'origine étrangère. Il s'agissait essentiellement d'Anglais à l'époque. De même, la lointaine Coupe Peugeot doit sa création aux usines sochaliennes du grand groupe automobile français. Mais ce fut encore et surtout vrai de l'incontournable Coupe du monde. Elle fut organisée pour la première fois non pas en Europe, puisqu'aucun pays du Vieux Continent n'en voulait, en des temps il est vrai économiquement et politiquement bien sombres, mais en Uruguay, en 1930, l'année du cent cinquantième anniversaire de la fondation du pays. Cette compétition, dont les pays s'arrachent désormais le privilège de l'organiser, se nommait alors encore la Coupe Jules Rimet (1873-1956), du nom de son créateur français. Tout autant que son complice et ami Henri Delaunay (1883-1955), autre grand serviteur du football, Rimet dut être ravi et se sentir payé de ses efforts, en voyant le jeune Louis Laurent, natif de Saint-Maur-des-Fossés, en banlieue parisienne, inscrire le premier but de l'histoire de la compétition sportive appelée à devenir la plus suivie du siècle.

Pour la petite histoire, l'ancien joueur formé au CA Paris, né en 1907, poursuivra sa carrière au FC Sochaux-Montbéliard, puis du côté de Mulhouse, Rennes, Strasbourg et enfin Besançon, dont il deviendra finalement l'entraîneur. Il comptera au total dix sélections sous le maillot national. Mais il ne remportera jamais une coupe qui reviendra aux hôtes uruguayens, alors maîtres incontestés de la discipline et déjà auréolés de deux victoires consécutives aux Jeux olympiques de 1924 et de 1928. Le trophée mondial était alors l'œuvre du sculpteur Abel Lafleur. Il mesurait vingt centimètres et pesait ses deux kilos d'or. Il revint naturellement au Brésil, en 1970, comme le prévoyait son règlement, pour sa troisième victoire en quatre éditions successives, sous la férule du divin Edson Arantes do Nascimento, *alias* « Pelé ». On en profita alors pour modifier jusqu'à sa forme, qui est celle que nous connaissons à présent, avec ses deux mains soulevant un globe d'or. Elle est l'œuvre, dans le même métal précieux massif, du sculpteur italien Luigi Castiglione.

La Coupe de France des juniors, affreusement rebaptisée depuis peu « U19 » en référence à leur âge, continue de s'appeler la « Gambardella », en hommage au grand journaliste Emmanuel Gambardella. Ce dernier présida avec talent aux destinées de la Fédération française de football après la guerre, entre 1949 et 1953. L'équivalent de cette coupe chez les seniors, qui ne devinrent professionnels en France qu'en 1932, soit un demi-siècle après leurs homologues anglais, se nomma, entre 1917 et 1919, d'abord la Coupe Charles Simon, du nom du secrétaire du Comité français interfédéral (CFI), l'ancêtre de la Fédération française de football. Créée au lendemain de la guerre, elle fut

remportée pour la première fois sur le score net de
3 à 0 par l'Olympique de Pantin contre ce qui était
alors encore le Football Club de Lyon. Elle n'était
pas encore remise en mains propres par le président
de la République. Gaston Doumergue inaugura, en
1927, par son geste et sa présence symboliques, une
longue tradition régalienne. On se souvient encore
de la bise audacieuse soutirée avec un sourire de
gamin par le capitaine marseillais Jean-Pierre Papin
au président François Mitterrand, lors de l'édition
1989, au Parc des Princes. En 1991, le tout-puissant
et pathétique président du Milan AC des années
d'or, celles du trio céleste hollandais formé par
Rijkaard, Gullit et Van Basten, s'offrit, quant à lui,
le luxe de créer de toutes pièces, dans le mythique
antre de San Siro, un trophée estival à la gloire de son
père Luigi. Il choisit pour cela d'institutionnaliser
une rencontre annuelle entre le géant lombard et
la Vieille Dame piémontaise, qui porte aujourd'hui
encore les traits inaltérés de la Juventus de Turin.
    À l'instar du Tour de France, créé en 1903 par
Henri Desgranges et Géo Lefèvre pour relancer
les ventes du journal *L'Auto*, de la FIFA fondée le
21 mai de l'année suivante par les dirigeants du football de l'époque et avec l'aide de Robert Guérin, de
la Coupe d'Europe des clubs champions inaugurée
en 1956, sous la férule du journal *L'Équipe*, du
Championnat d'Europe des nations, aujourd'hui
appelé « Euro », imaginé par Henri Delaunay dès
1927 et mis en place en 1960, du Ballon d'Or,
consécration individuelle suprême, que l'on doit

au journal *France Football* à partir de 1956, ou de la *Copa Libertadores*, équivalent sud-américain de la Coupe européenne des clubs champions, née en 1960 d'un partenariat avec la marque Bridgestone et originellement nommée *Conmebol Libertadores Bridgestone*, c'est toujours la volonté d'un ou de quelques individus qui est à l'origine d'une aventure qui finit en institution. Sauf que, grâce au football, ce ne sont pas quelques individus isolés qui se rencontrent, mais des millions d'êtres humains qui vibrent d'une même corde très sensible.

Le tableau de l'aventure footballistique ne serait pas complet, s'il n'intégrait pas les épopées des grands clubs et de leurs rivaux les plus modestes. À la mythique *Cup* anglaise, qui fit son apparition au pays de sa Majesté l'année où naissait sir Bertrand Russell et où Nietzsche publiait *La Naissance de la tragédie*, soit en 1872, fait écho la très démocratique Coupe de France. Elle permet chaque année aux petits poucets que sont les clubs amateurs de niveau départemental ou régional d'affronter les plus grandes équipes professionnelles du pays de Voltaire et de Giresse. Récemment, la glorieuse équipe de Calais se hissa héroïquement jusqu'en finale et le modeste club de Gueugnon remporta même, en 2000, contre le Paris-Saint-Germain, la toute jeune Coupe de la Ligue, ouverte aux clubs français de première et de deuxième division et qui, à peine créée, est déjà vouée à disparaître, en raison du peu d'enthousiasme qu'elle a suscité et de la lourdeur des calendriers professionnels. Ces deux compétitions offrent à qui les remporte le privilège de concourir à l'échelle continentale dans des compétitions au cours desquelles s'affrontent les meilleures écuries des grandes nations européennes. Gagner le championnat local ou remporter l'une des coupes de son pays, tel est le sésame après lequel court tout club qui se respecte. Il en affiche, en général, l'objectif aux premières heures de la reprise des joutes footballistiques. Malgré leurs inégalités criantes et leurs rencontres de poids lourds au sommet de la hiérarchie nationale, ces compétitions entre les clubs ont donné lieu à des campagnes historiques de plus grande échelle, au cours desquelles s'écrivirent certaines des plus belles pages du football universel.

Plus que les victoires écrasantes et répétées des colosses continentaux, tels le Real Madrid et le Barça, les deux fleurons lombards, l'incomparable Liverpool ou l'indéboulonnable Bayern de Munich, on retient de ce côté-ci du Rhin les folles aventures des Verts de l'Association sportive de Saint-Étienne. À la suite de leurs glorieux aînés rémois, battus deux fois sur la dernière marche, ils sont défaits, à Glasgow, en 1976, en finale de la Coupe des clubs champions, l'ancêtre de la *Champions League*. Mais ils sont célébrés comme des vainqueurs sur les Champs-Élysées, à leur retour en France. Ils n'éclipsèrent pas totalement, dans la mémoire collective, les vaillants guerriers d'un très beau Sporting Club de Bastia, sèchement corrigé en finale de la Coupe de l'UEFA, l'ancienne C3, par le PSV Eindhoven, en 1978. C'était l'époque où l'aventure footballistique avait le goût du risque et de l'audace. Quand le but n'était pas encore de gagner un trophée pour rentabiliser ses investissements ou pour se créer un standing à court terme. Le football n'était pas alors un moyen ; il était encore une fin qu'on poursuivait pour elle-même.

Le football a également partie liée aux deux autres manières qu'ont, selon Vladimir Jankélévitch, les hommes de vivre et d'appréhender le temps, en le remplissant de leurs aspirations et de leurs activités, à savoir l'ennui et le sérieux. Commençons par le premier, qui n'est pas absent de l'expérience qui a pour nom football, tant s'en faut. Qu'est-ce l'ennui, au juste, interroge le penseur du « Je-ne-sais-quoi » et du « Presque-rien » ? C'est l'expérience humaine centrale de la temporalité. Ce n'est pas simplement le tracas ou la contrariété, qui empêche de goûter *hic et nunc* pleinement l'existence, comme on « a des ennuis ». Ceux-ci ont d'ailleurs, comme chacun sait, comme propriété de se cumuler et de se chasser les uns les autres dans toute existence. L'ennui, ce n'est pas une expérience anecdotique ou secondaire. C'est la « maladie bénigne et ordinaire du temps », le « mal de la durée trop lente ». Et Jankélévitch de citer, de façon exceptionnelle, le philosophe allemand Arthur Schopenhauer, pour lequel l'ennui est le fond de l'existence humaine. Celui dont on cherche à se distraire, en rappelant que le mystère se trouve aplati, quand la pensée est transformée en divertissement, au sens pascalien.

Parce qu'elle a « mal à sa durée », la conscience cherche à tout prix à sortir de la routine.

Quand on a le luxe de s'ennuyer dans la vie, les jours de la semaine ou simplement le dimanche après-midi, tout est bon pour en réduire les effets sur notre psyché : la guerre, la chasse, les disputes de l'amour, les jeux et les sports. C'est du moins ce que font les hommes du commun que nous sommes tous à égalité avec les puissants et les souverains. Mais Jankélévitch célèbre, pour sa part, l'ennui comme le temps retrouvé. Celui auquel la conscience peut non seulement faire face, mais auquel elle doit surtout se rapporter autrement que comme à un objet ou à une chose dont on disposerait à l'envi. « On n'a jamais le temps, le temps nous a », dit le poète. C'est vrai au stade comme sur les autres terrains de l'existence. On s'ennuie parfois fermement au stade, sur la pelouse comme dans les tribunes, soit parce qu'il ne se passe rien, soit parce l'équipe qu'on supporte domine à moindres frais ou qu'elle a sombré depuis longtemps. Le gardien qui n'a « rien à faire », selon l'expression consacrée, l'attaquant qui « ne touche pas un ballon » ou qui au contraire marque trop facilement des buts s'enchaînant sans effort (c'est plus rare !), peuvent trouver le temps long ou vain. De même, on s'ennuie durement certains jours en tribune, quand les équipes rechignent à prendre le moindre risque ou à inventer un mouvement fantaisiste, qui mettra du piquant dans une durée vidée de tout événement. On se demande parfois pourquoi on a chaussé les

crampons, alors qu'il y aurait mille autres choses
à faire. On en vient aussi souvent à interroger les
motifs qui nous ont poussé à venir braver la pluie
et le froid, pour soutenir une équipe qui semble
avoir troqué les souliers de cuir contre des paires
de pantoufles.

C'est là un des mystères du football. Ce qui a
toutes les propriétés d'une aventure peut s'achever
en *pensum* ou en injonction à boire le bol entier
de soupe à la grimace de l'ennui. Dire cela et
penser ainsi, c'est toutefois faire un peu trop aisément fi des vertus de l'ennui, celui que les adultes
conseillent aux enfants d'accepter et qu'ils fuient
par tous les moyens. D'abord, parce que l'ennui
permet à la conscience, en s'isolant un moment
du monde, de se retrouver face à elle-même et de
comprendre à quel point le temps n'est pas son
horizon extérieur, mais son étoffe la plus intime.
Le temps ne passe pas toujours et c'est très bien
ainsi ! Ensuite, parce que même dans le calme le
plus plat de la plus morne des plaines, il se produit
toujours, dans un match de football, un micro-
événement qui n'est pas spectaculaire pour un sou,
voire sans rapport avec le jeu, mais que l'on peut
contempler entre surprise et consternation : un
arrière-latéral du Barça qui jette dans la tribune la
banane qu'un décérébré raciste lui a adressée en
guise de missile de sa débilité ; un attaquant français de classe mondiale, aux formules sibyllines et
capable de faire entonner la Marseillaise à un stade
entier au pays de Cromwell et de l'amiral Nelson,

qui se prend soudain pour Bruce Lee et assène une reprise de volée dans le visage d'un supporter mal élevé ; ou, plus chichement, un gardien de but et capitaine d'une équipe dominatrice, bien servie par le sort, qui s'en va aux pâquerettes au beau milieu de ses six mètres pour offrir, sans conséquences fâcheuses pour son équipe, un but à l'adversaire, le tout en pleine finale de Coupe du monde. Enfin, parce que l'intensité n'existe que dans la variation des possibles, qui transforme le rien en quelque chose d'inédit que l'on peut méditer pour jouir de la vacuité de l'existence. On osera plus facilement avouer qu'on s'ennuie en tribune qu'au concert ou au théâtre, et c'est peut-être le signe que la probité intellectuelle n'est pas forcément là où on l'attend. Elle est, à l'occasion, plus manifeste quand on se divertit que lorsqu'on s'instruit ou se cultive.

Quant au sérieux, il est le véritable hapax de la chose footballistique, intraduisible dans le cours indifférent de nos vaniteuses entreprises. Jankélévitch rappelle qu'en hissant son drapeau gris, il est ce qui nous permet de lutter contre le fou rire, lorsque la voix d'une cantatrice déraille au milieu d'une prestation qui vire à la déroute acoustique. C'est que le sérieux se décrète autant qu'il se garde. Il est ce qui nous cheville au réel, en nous contraignant à discipliner nos ardeurs. L'homme sérieux ne se hâte pas ; il ne tue pas le temps ; il l'emploie du mieux qu'il peut. Il tient compte de la pendule, pour ne surtout pas perdre une seconde, ni subir les calendriers. Quand on est pressé, il faut aller lentement. C'est ce que manque de faire l'attaquant qui confond la vitesse et la précipitation, ainsi qu'aimait à le rappeler sempiternellement le tout sauf fantasque Aimé Jacquet aux joueurs que, du côté de Bordeaux, de Montpellier ou de Clairefontaine, il dirigeait sans se préoccuper de briller par la beauté de son style de jeu, ni par son verbe médiatique, il est vrai souvent chancelant. En cela, non sans compétence ni talent, il incarna mieux que quiconque l'opposition du sérieux et de la charlatanerie conceptualisée par Jankélévitch. On peut perdre son sérieux par badinage ou par désespoir, rappelle notre auteur. On peut aussi le découvrir du coin de l'œil, quand il s'applique au jeu, comme la « vérité du mensonge » ou la « réalité de l'artifice ». N'est-ce pourtant pas le comble pour une équipe de faire un match qui se voudrait seulement sérieux ? C'est déjà pas mal, répondront les esprits revêches. Mais gagner seulement par esprit de sérieux, est-ce vraiment gagner ? La victoire de la Grèce à l'Euro 2004 surprit au moins autant par son caractère improbable, au vu de la hiérarchie des nations, que par la recette strictement défensive et contre-pulsionnelle appliquée par son chef d'orchestre allemand, opportunément recruté pour jouer avec efficacité une partition de *Real Fussball* sans fantaisie.

Dans cette perspective, on choquera peut-être en affichant une préférence assumée pour la décennie dorée où, entre 1976 et 1986, l'équipe de France brillait sans vaincre en Coupe du monde. Elle dominait par ses intentions et ses audaces. Par la candeur de sa foi en un jeu furieusement aimé. C'était le « football des bons sentiments », cher à Michel Hidalgo et dont personne n'a rétrospectivement à rougir. Chaque victoire d'alors avait un goût particulier, parce qu'elle avait le goût de l'inaccessible et de la rareté. Si l'on oublie (mais comment le pourrait-on – et le doit-on seulement ?) la tragique mais splendide demi-finale du *Mundial* espagnol, en 1982, l'une des plus belles jamais disputées, on retiendra plus aisément le triomphe, il est vrai mémorable, d'un football épanoui et décomplexé lors de l'Euro 1984, à Paris, après une formidable phase finale animée de la tête et des pieds par un Platini au sommet de son art, signant neuf réalisations en seulement cinq matchs. On se remémorera aussi avec bonheur et délectation le « football-Champagne » servi du côté de Guadalajara, au Mexique, contre l'ogre brésilien, en 1986, par le « carré magique » de l'époque, celui composé par les Platini, Giresse, Tigana et le jeune Fernandez. Ces victoires étaient moins le fruit du sérieux et de la grisaille, que de l'envie et du talent. Ils étaient alors portés aussi fièrement que le maillot national. À l'inverse, osons le dire, le panache très relatif des campagnes françaises victorieuses lors des Coupes du monde de 1998 et de 2018, où très peu de matchs furent réellement palpitants ou même intéressants, au-delà du résultat conquis ou préservé, montre que si l'on gagne plus en termes comptables à ne pas faire trop d'erreurs qu'à viser l'excellence, on perd tout de même beaucoup à faire

primer l'efficacité et la rentabilité sur la folie volontaire et le désir de créer du beau jeu. On peut perdre
en suscitant l'enthousiasme et vaincre en plombant
d'ennui : l'histoire de l'équipe de France en est la
plus belle illustration, et ce n'est pas le moindre des
mystères attachés à la chose footballistique.

Le football charrie ainsi de fait toutes les scories,
les contradictions et les aspérités du temps humain.
Depuis saint Augustin, on sait que le temps nous
est connu tant que personne ne nous demande ce
qu'il est. Vécu, éprouvé, senti, subi et mesuré, le
temps est un élément de notre vie. Mais il échappe
à toute maîtrise et brille par sa présence-absence.
Jamais donné comme un objet dont nous pour-
rions disposer, il est à la fois ce qui nous échappe et
ce qui s'attrape au vol, ce qui file et ce qui plombe
l'existence. Bien que tout le monde sache ce qu'il
est, personne ne peut tout à fait dire, ni penser ce
qui le définit. Ici, ce qui est à considérer n'est pourtant pas le plus lointain, ni le plus complexe. Le
plus simple se révèle le moins dicible, quand le plus
familier frappe par sa radicale étrangeté. De même
qu'on n'a pas besoin de savoir ce qu'est la beauté
pour créer des œuvres, ni de disserter doctement
sur le bien pour agir de façon morale, rappelle
Jankélévitch, grand lecteur d'Augustin, il n'est pas
nécessaire d'être philosophe pour comprendre que
le temps est le premier des inconnaissables et le
plus résistant des mystères.

Parce qu'il n'est situable ni dans les choses du
monde, ni dans les instruments de sa mesure, ni

dans la conscience humaine, le temps est à la fois ce que nous ne pouvons nier et ce à propos de quoi nous peinons à affirmer quoi que ce soit de cohérent. Outre la difficulté qu'il y a à expliquer ce qu'il est, sa principale caractéristique est, pour le même Jankélévitch, d'être toujours à l'endroit. On ne remonte jamais le courant d'un fleuve qui dissout son amont dans le flot de ce qui advient. Mais le temps n'est pas seulement, selon la belle formule de Jules Lagneau, le maître d'Alain, la marque de notre impuissance. Le révolu nous interdit certes d'agir sur ce qui, une fois passé, peut se ressasser, mais guère plus se changer. L'irréversibilité du temps pave le chemin tourmenté et doux-amer de la nostalgie. Mais l'avenir ouvre la voie à nos actions – celle sur laquelle tout peut se jouer à chaque instant, sans que les jeux ne soient jamais tout à fait faits.

Chaque match de football pose à nouveaux frais la question du temps. Dans des conditions d'arbitrage et de déroulement normales, on ne peut l'arrêter, ni le prolonger indéfiniment, ni surtout le refaire. Qu'on le joue ou qu'on le regarde, on y consulte régulièrement sa montre. Il y a de fréquents arrêts de jeu. Ils ont tendance à distendre la temporalité de la partie ; mais ils permettent aussi de demander au « banc », comme on appelle la partie de l'équipe qui ne joue pas, combien de minutes il reste à jouer. L'arbitre procède à un décompte minutieux du temps dit « additionnel ». À le voir se déplacer l'œil rivé sur le poignet, tout se passe comme si on pouvait ajouter du temps au temps. Mais le temps d'un match court aussi vite ou aussi lentement, selon les circonstances du jeu, que le vécu torturé ou enivrant qui colle à la peau de ceux qui le vivent. Entre objectivité et subjectivité, temps du chronomètre et durée intime de la psyché, chaque seconde est un supplice ou une conquête, une menace ou une chance de taquiner le ciel, un hallali ou une renaissance.

Aux quatre coins du stade, le temps est la vérité du match. Il ne suffit pas ici d'attendre que le sucre fonde. Il faut anticiper l'instant à venir, en créant l'occasion qui dépend de nous. Qu'elle est brève la durée restante d'un match, quand son équipe est menée au tableau d'affichage et que la trotteuse se met à battre la chamade ! Mais qu'elle est longue et même interminable, voire étouffante, lorsque l'équipe qu'on anime ou celle qu'on supporte mène au score et joue suspendue au sifflet d'un arbitre qui fait la grève du zèle !

Jankélévitch aimait à répéter que « le temps perdu est souvent le mieux employé ». Ce paradoxe résume les plus belles heures du *catenaccio*, en donnant l'illusion d'entendre Herrera murmurer à l'oreille d'Augustin. À moins qu'on se rappelle le moment tragique de l'automne 1993, où « *el magnifico* », *alias* David Ginola, priva bien malgré lui la France de la Coupe du monde américaine, en ouvrant un boulevard au tranchant joueur bulgare Emil Kostadinov. Son crime contre la pendule consista à créer une action dans un angle mort du terrain, alors que le match semblait « plié », pour reprendre le jargon des pelouses. Ce faisant, il oublia de tuer la rencontre dans l'œuf de l'antijeu. À l'instar d'Ulysse, il connut l'exil involontaire Outre-Manche, sans plus jamais revoir la Clairefontaine de sa jeunesse. L'irréversible a de ses cruautés qui font d'Ithaque une sinécure. Ginola fit, pendant quelques années, le bonheur de la *Premier League*.

Au football ou dans la vie, on ne gère pas le temps. Dans la langue débraillée des jeunes gens de notre époque, c'est encore et toujours plutôt lui qui nous « gère » ! Le poète a tout dit, lorsqu'il chante : « On n'a jamais le temps, le temps nous a. » Mais c'est l'arbitre, souvent doté de deux montres pour éviter les contretemps techniques, qui a le dernier mot. Il officie dans la solitude réglementaire, pressé de toutes parts par ceux qui voudraient interrompre ou au contraire prolonger la partie. Il existe pourtant des situations où le temps se suspend pendant une rencontre de football. On pense bien sûr à l'usage désormais banalisé de la vidéo, pendant lequel l'arbitre quitte le terrain et les joueurs posent sur leurs hanches des mains tantôt perplexes, tantôt avides. Il revient ensuite au pas de charge pour porter la (plus ou moins bonne) nouvelle de son interprétation d'un fait de jeu dont Jankélévitch dirait sans doute qu'on peut en réviser le sens et la valeur, mais pas faire qu'il n'ait pas eu lieu. Un fait de jeu est comme une vie, quelle qu'en soit la longueur : l'avoir-été est son viatique pour l'éternité.

Il y a aussi de ces minutes interminables, où un joueur tombe à terre sans qu'on sache s'il a été atteint de façon superficielle ou plus sérieusement touché. On pense au poing serré de souffrance du pauvre Patrick Battiston, percuté en plein visage sur la pelouse de Séville, en 1982, par un Harald Schumacher robotisé sous l'effet de substances douteuses. Ce dernier lui arracha plusieurs dents une semaine avant son mariage. Mais qu'elles furent belles les secondes qui suivirent ce scandale, au cours desquelles son capitaine d'ami, oubliant le score et le trophée, le raccompagna en lui tenant tendrement la main et en grimaçant de douleur pour son coéquipier qui se tordait de douleur, le dos vissé à un brancard ! Et que dire du moindre penalty, autrement appelé coup de pied de réparation, qui fige le temps et fait vibrer la ligne de but sur laquelle danse un portier. Celui-ci est presque certain de se démener en vain, si le coup est correctement porté vers sa cage ! Comme le dit l'adage italien, « un penalty arrêté est un penalty manqué » (*un rigore sparato è un rigore sbagliato*). Dans toutes ces situations, auxquelles on peut ajouter certains coups de pied qui portent bien leur nom en étant dits « arrêtés », mais aussi les rixes, les contestations et autres moments flottants d'un jeu où l'on simule et l'on conteste à l'envi, le football est une dramaturgie dont le temps est le personnage principal. Mais il n'est pas seul en scène.

Le football, c'est aussi l'espace ou plutôt *les* espaces. Il y a certes l'espace principal du terrain : il est enfermé entre les quatre lignes d'un rectangle magique, où l'on joue sa vie. Autant que sur une scène de théâtre, les entrées y sont strictement réglées. Au feu vert du coach répond le tableau électronique de l'arbitre assistant. Celui-là joue les aiguilleurs du sol, prodiguant un chiffre vert pour le joueur entrant et un chiffre rouge pour le sortant. On ne le voit guère plus que de temps à autre vérifier l'état des crampons sous les chaussures du remplaçant de luxe ou de la recrue de fortune. Elle semble bien reculée, l'époque de la soule, où les participants pouvaient dévaler des espaces sans limite, se perdant au beau milieu de campagnes aventureusement transformées en champs de bataille. Au football, le terrain n'est pas pour autant une entité finie, ni unique. L'espace n'y est pas seulement ce lieu dans lequel, ainsi que le rappelle Jankélévitch, on peut faire des allers et retours, à la différence du temps, qui reste droit comme une ligne et sur lequel chaque instant se greffe comme la flèche à la corde d'un arc. Contre toute attente, un terrain de football n'est pas un cadre délimité une fois pour toutes. C'est un espace pluriel, multiple, qui s'ouvre en autant de couloirs et d'intervalles que les déplacements des joueurs créent et occupent au gré de leur inspiration.

Être sur le terrain, y rester tout le match, à la limite y entrer en cours de jeu, c'est s'assurer de figurer au tableau d'honneur. En sortir, rappelé par l'entraîneur ou chassé par l'arbitre, c'est chaque fois ou presque la même douloureuse et honteuse punition. Il y a, bien sûr, mille motifs et autant de manières de tirer sa révérence. On peut sortir sur blessure, de la première à la dernière minute du match. Ce n'est alors jamais de gaieté de cœur, mais on se fait une raison. On peut aussi être rappelé par l'entraîneur pour d'autres motifs : soit parce qu'on est dans un jour sans et qu'il vaut mieux laisser sa place à un joueur qui s'est levé d'un meilleur pied ; soit parce qu'on a tout donné et qu'il faut accorder la priorité à l'intensité du jeu ; soit parce que le schéma tactique doit évoluer et qu'on n'y a plus sa place. Les joueurs de football goûtent en général fort peu d'être mis hors-jeu et il leur arrive de le faire savoir parfois bruyamment, voire violemment. Chacun a encore en mémoire la sortie fracassante d'Éric Cantona avec l'Olympique de Marseille, en janvier 1989. Prié de quitter la pelouse par son entraîneur, il ôta, puis jeta rageusement son maillot par terre, en haranguant les supporters. Il alla fraîchement finir la saison du côté des Girondins de Bordeaux, après que son président, à l'époque le bouillonnant Bernard Tapie, l'assura qu'il n'était plus digne de revêtir la tunique phocéenne. On peut aussi être sorti du terrain par l'entraîneur simplement pour recevoir l'ovation du public, qui se lève pour applaudir le héros d'un soir, d'une épopée ou d'une carrière entière. Ce sont alors des moments où les quelques mètres qui séparent la position du joueur sur le terrain de son banc de touche permettent de faire remonter à la surface de la conscience collective chaque page d'une histoire commune. Ici, l'espace ne scande pas le temps vulgaire des horloges ;

il révèle l'épaisseur historique dont est faite la conscience des amoureux du ballon rond.

Mais il y a aussi des façons de quitter le terrain qui ressemblent à des sorties de route. C'est le cas lorsqu'on manque le dernier virage de la course du jour ou l'ultime chicane d'une carrière. On pense à l'« adieu » si triste, un soir de juillet 2006, en finale de Coupe du monde, à Berlin, du joueur et alors capitaine de l'équipe de France Zinédine Zidane. Il fut exclu du match par l'arbitre, après avoir naïvement lâché ses nerfs sur un provocateur transalpin professionnel qui sut non seulement le mettre hors de lui, mais surtout l'éjecter habilement de l'aire de jeu. Coutumier des allers simples vers la douche, le génial Zizou fit au total quatorze fois virer au rouge le carton arbitral dans une carrière de joueur par ailleurs étincelante sur le plan technique. Étrangement, il sortit ce soir-là sous les applaudissements surréalistes d'un sélectionneur national heureux d'ajouter une énième provocation à son funeste palmarès. Huit ans plus tôt, au stade Vélodrome, c'est sans un regard et dans un vent polaire qu'Aimé Jacquet laissait sa pièce-maîtresse rentrer au vestiaire la tête basse et le cœur lourd. Chacun mesurait déjà que cette saute d'humeur risquait de compliquer le prochain tour de la compétition suprême pour l'équipe organisatrice. Heureusement, il n'en fut rien et c'est de Laurent Blanc que, contre le Paraguay du glorieux Chilavert, vint l'étincelle libératrice, perceptible jusque dans le micro du regretté Thierry Gilardi.

9.

C'est l'intention qui compte

De tous les reproches adressés au football, son immoralité patente est celui qui revient le plus souvent au café du Commerce. À la première occasion, il refait surface comme un trouble-fête dont on se passerait volontiers, mais auquel on a fini par s'habituer. Le spectacle qu'offre le football dans sa version la plus quotidienne, sur le terrain, à ses abords, dans ses tribunes et ses coulisses, n'est, il est vrai, pas toujours très ragoûtant.

Bien que la dix-huitième règle du football soit censée privilégier l'esprit du jeu sur sa lettre, en laissant notamment l'avantage au joueur ou à l'équipe qui « joue le ballon », comme on le dit entre amateurs, il n'est pas rare d'entendre condamner des fautes « inutiles ». Comme si certaines fautes pouvaient tirer une quelconque légitimité de leurs effets avantageux pour le camp de leurs auteurs ! Là où l'arbitre de rugby peut sanctionner l'intention de faute présumée, son confrère ne peut, au football, généralement que constater les dégâts. Jusqu'à avaler son sifflet, naguère lourd de trente grammes, et se casser deux dents, comme l'illustre et malchanceux Delaunay, qui fit beaucoup pour le football en incitant ses pairs à en modifier le matériau, pour troquer le bambou et le métal contre le plastique. On peut certes sanctionner après-coup un jeu jugé « dangereux », qui a permis de remporter un duel ou de marquer tendancieusement un but, en « revenant à la faute », selon l'expression consacrée. Mais il suffit de tendre l'oreille dans une tribune pour comprendre que certains des acteurs et des spectateurs de ce sport ne reculent devant aucune outrance physique ou verbale pour l'emporter sur des adversaires qu'ils ont le chic de transformer en ennemis, avant même de fouler le gazon ou d'atteindre les gradins.

On ne compte plus les formes multiples que peut prendre l'« antijeu », depuis l'obstruction la plus bénigne jusqu'à l'agression caractérisée, en passant par la fameuse « simulation ». Celle-ci est condamnée comme la quintessence du dévoiement de l'esprit sportif, dont le football serait le parangon. Le refus du jeu va jusqu'à la tricherie assumée comme telle, ainsi de la main poussant le ballon dans le but. Comme celle du dieu Diego déchirant le ciel mexicain en 1986 et confondant un instant le maillot de l'équipe nationale avec un treillis de soldat se vengeant de l'impérialisme anglais, il est vrai pour le moins anachronique, qui éclata au grand jour, trois ans plus tôt, du côté des îles Malouines. En cela, le football n'est pas seulement un sport qui, comme tous les autres, comporte des règles. C'est celui dans lequel on joue *avec* elles – quand on ne se joue pas tout simplement *d'*elles. Ce jeu avec les règles du jeu n'est, à l'évidence, pas pour rien dans son succès. Le football est ce sport qu'on adore détester, et pour cause, puisque ceux qui s'y adonnent font parfois tout pour qu'il en soit ainsi.

À ce tableau peu reluisant, on n'oubliera évidemment pas d'ajouter les malversations et les escroqueries en tous genres. Elles nous rappellent que la fin semble justifier tous les moyens aux yeux de ceux qui se posent en argentiers d'un sport dont les droits d'exploitation s'arrachent comme des bons du trésor médiatique. On ne compte plus, en effet, les multiples affaires émaillant l'actualité footballistique. Elles n'ont cessé de se multiplier, depuis un bon demi-siècle, au pays de Fouquet comme ailleurs. La caisse noire de l'AS Saint-Étienne, les cadeaux aux arbitres faits par le président des Girondins de Bordeaux et la sinistre affaire OM-VA des années 1990, sont encore dans tous les esprits hexagonaux. Chaque grande nation du football a ses scandales. Celui des paris truqués du *Totocalcio* dans l'Italie des années 1980 est un exemple parmi les plus connus. Plus près de nous, depuis 1995, l'arrêt Bosman (du nom d'un ancien joueur du Football Club de Liège qui refusa son transfert à Dunkerque, en invoquant des discriminations liées à la nationalité), en autorisant le recrutement de joueurs étrangers en nombre illimité, en conformité avec l'article 48 du traité de Rome sur la libre circulation des travailleurs entre les États membres, a achevé de fausser les règles du jeu sportif. Il permet, depuis son officialisation, à quelques clubs privilégiés formant le gotha du football européen de concentrer dans leurs rangs les meilleurs éléments des divers championnats et d'attirer sur leur banc les stars des autres continents. Plus besoin de contourner les règles, quand ce sont elles qui n'ont plus de droit que le nom. Les principes de l'équité sportive ressemblent alors à des bâtons brisés : à force de les tordre dans les basses eaux du pouvoir financier, on finit par oublier qu'ils faussent notre perception de l'essentiel sur le plan moral.

Mais est-ce cela, le football ? Ne s'y intéresse-t-on que pour nourrir une fascination malsaine pour la victoire obtenue par n'importe quel moyen et au prix d'inégalités criantes ? Doit-on se résigner à considérer que tout cela « fait partie du jeu » ? Force est de reconnaître que si mystère il y a ici, il renvoie au fait que tout le monde sait parfaitement tout cela, mais que le football n'en continue pas moins de séduire des foules dans lesquelles la majorité des individus sont au quotidien des sujets raisonnables conscients de ses errances et choqués par ses dévoiements organisés. Sans donner dans l'angélisme ou l'irénisme, il nous semble utile et même nécessaire de poser ces questions à nouveaux frais, afin de déterminer ce qui est inhérent au football en tant que tel et ce qui a trait à un détournement de ses principes auquel on ne saurait souscrire sans renoncer à ce qui fait sa beauté, sa fragilité et son unicité, à la fois comme sport et comme pratique culturelle.

À n'en pas douter, la singularité du football et son succès universel sont liés à son rapport singulier et complexe à la chose morale. Au procès externe dont il fait l'objet, il faut ajouter son propre goût, qui le menace de l'intérieur, pour les *thugs* et les *bad boys*, les petites frappes et les voyous, les fortes têtes et les tricheurs, les tacleurs en mode boucher et les provocateurs à la petite semaine, les simulateurs et autres mauvais joueurs. La liste est longue de ces joueurs et de ces entrepreneurs par ailleurs extrêmement talentueux, qui, de George Best à Diego Armando Maradona, de Vata à Thierry Henry, de Claudio Gentile à René Girard, de Claude Bez à Bernard Tapie, de Paolo Rossi à Zinedine Zidane, de Tassoti à Ramos, de Marco Materazzi à Luis Suarez, ont écrit les plus belles pages d'un sport dont ils n'ont pas hésité à réécrire plus d'une fois le règlement intérieur avec des mains, des semelles, des coudes, des dents et des fronts oublieux des interdits fondateurs du sport roi. On pourrait aussi feuilleter pour rire l'annuaire international des équipes les plus irréprochables moralement, dans lequel ont longtemps et régulièrement figuré aux abonnés absents la très tacticienne et calculatrice Italie, la brutale et perfide Albion ou la rugueuse et peu imaginative Germanie, pour s'en tenir à quelques exemples parmi les plus célèbres.

Ce qui est vrai de l'actualité et de l'histoire en général l'est particulièrement du football. On retient les choses les plus spectaculaires et les plus scandaleuses, au détriment de tout le reste. Sans doute parce qu'elles font jaser et qu'elles donnent du grain à moudre à ceux qui, du haut de leur magistère éthique, n'ont rien de mieux à considérer. On parle plus rarement, pour ne pas dire jamais, des joueurs exemplaires par leur talent et par leur comportement – ceux, pas si rares que cela, dont la carrière a non seulement été riche en trophées, mais aussi et surtout préservée de tout manquement volontaire et condamnable au respect du jeu et du fair-play. S'il fut bien cet ange ou ce géant vert qui fascina la France et l'Europe par ses longues chevauchées et sa crinière de lion des stades, à l'heure de la folle épopée stéphanoise, Dominique Rocheteau eut surtout l'immense mérite de se maintenir deux décennies durant au plus niveau sans jamais recevoir le moindre carton. Pas même jaune ! Jamais averti une seule fois : l'ailier rêvé. Comme un chauffeur de poids-lourd qui aurait conduit sa vie entière sur les routes truffées de nids-de-poule et de radars des cinq continents, en conservant gentiment les douze points de son permis de conduire au fond de son portefeuille. C'est d'ailleurs sur le modèle des codes de circulation et de navigation qu'on choisit d'attribuer le jaune à un simple avertissement (attention !) et de réserver le rouge (stop et dehors !) à l'exclusion définitive du joueur. On en doit l'invention à l'arbitre anglais Ken Aston. Parmi ses innombrables mérites de joueur, Michel Platini aura eu celui de montrer qu'on peut être le meilleur joueur de son temps, se faire martyriser tous les dimanches par des brutes découragées et ne jamais se faire exclure pour sa mauvaise humeur, son éducation inachevée et sa violence routinière – celles qui, en dépit de toute l'expérience acquise par des joueurs aguerris, exposent une équipe réduite à dix à subir le jeu adverse et, très souvent, à perdre le match.

Quand la seule morale est devenue l'obsession de la gagne à tout prix, on oublie que ce culte de la victoire a un coût. Il sacrifie au résultat d'une rencontre le mérite qu'il y a à l'emporter loyalement sur son adversaire du jour, alors même que rien n'assure qu'on le vaincra à nouveau le lendemain et qu'il ne peut en retour nous infliger aucune défaite définitive. La victoire n'est-elle pas plus belle, quand elle est à la fois ardemment désirée, loyalement conquise et modestement célébrée ? Le football n'aurait-il donc rien à voir avec le mérite et l'intention, dont Jankélévitch a fait certaines des catégories centrales de son inclassable philosophie morale ?

À ces questions il convient d'apporter des réponses nuancées et constructives, tant les voies du succès sont souvent impénétrables. Le poète Hésiode voit sa distinction fameuse entre les jours fastes et néfastes souvent confirmée lors de ces matchs où, pour le gardien de but ou l'avant-centre, on en est réduit à constater qu'avec les meilleures intentions du monde, quand « ça ne veut pas, ça ne veut pas ». On s'explique difficilement pourquoi tel matin on « a des jambes » et tel soir on n'en a pas, comme le dit l'adage sportif, et moins aisément encore qu'une équipe qui rentre aux vestiaires avec un solide avantage sur sa rivale revienne sur la pelouse comme vidée de toute intention de jouer et voie son capital fondre comme neige au soleil des projecteurs du stade.

Il n'est pas rare que celui qui ne mérite pas du tout de gagner l'emporte, sous l'effet d'un ces hold-up dont le football tient le secret bien gardé. Mais il est également fréquent que celui qui ne mérite pas de perdre soit défait. On finit alors par se dire que le diable peut prendre les traits du hasard, quand les efforts répétés d'un groupe de dignes lutteurs sont contrariés et dissous par un coup du sort : poteau récalcitrant, erreur d'arbitrage ou fourberie de l'adversaire. La Hongrie de Puskas, la Hollande de Cruyff, la France de Platini ne méritaient-elles pas d'être championnes du monde ? L'Italie mussolinienne, le Benfica de Vata, la France privant l'Eire de Coupe du monde par la main honteuse de son meilleur buteur, et les milliers d'équipes dont chacun a le souvenir d'une entorse flagrante aux règles les plus élémentaires du jeu, ont-elles mérité le succès qu'elles ont remporté ? Quand la chronique du football vire à l'évocation des scandaleux malheurs de Job, on se demande si le ballon tourne rond. Et pourtant ! Rien de tout cela n'entame la foi qu'on peut avoir dans la beauté de ce jeu sans égal. Bien au contraire.

Sans l'avoir vraiment choisi, les amateurs de football hexagonaux se sont longtemps couchés tôt. À cela, il y avait au moins deux raisons. D'une part, les images de leur sport de prédilection étaient très rares sur le petit écran. D'autre part, la France brillait, en club comme en équipe nationale, davantage par ses intentions, il est vrai excellentes, que par ses résultats, plutôt modestes et inconstants. Cependant, obtenue sans mérite, aucune victoire n'est belle et rien ne nous interdit de préférer le beau jeu d'un adversaire loyal et talentueux à nos propres difficultés à mettre en place un système gagnant. Du moins quand on a dépassé le stade infantile du chauvinisme le plus crasse. On ne peut enseigner quotidiennement aux enfants qu'en toutes choses « c'est l'intention qui compte » et faire comme si l'universalité de cette maxime s'arrêtait au bord des terrains de football.

L'expression ne vaut pas seulement pour atténuer avec diplomatie la déception d'un cadeau douteux, parce qu'inadapté aux goûts ou au standing de son destinataire. Elle a un sens plus vaste et plus riche, dont les éducateurs peuvent encore parfaitement faire leur miel. Le plus fort s'impose *logiquement*, quand il triomphe par des qualités manifestes, mais aussi et surtout lorsqu'il respecte les règles et l'esprit du jeu. Le plus méritant l'emporte *moralement,* lorsque l'évidence toute relative de sa maîtrise technique ou de son intelligence tactique est contrebalancée par une envie loyale et inentamable de s'asseoir à la table des vainqueurs. C'est le syndrome de Rocky, ce boxeur un peu dérisoire et pour le moins limité, qui finit par l'emporter moins par son talent et ses qualités de pugiliste que par sa ténacité humaine, trop humaine et son amour pur de la boxe pour la boxe, comme Montaigne recommandait déjà en son temps de « planter des choux pour planter des choux », sans craindre les voleurs, ni la grêle. Ceci n'est que du cinéma, dira-t-on avec raison, mais servi par une figure qui illustre une idée principale : la volonté de vaincre n'est respectueuse d'elle-même que quand elle l'est aussi des règles qui conditionnent la victoire. Et pour peu qu'elle le soit, il n'y a de montagne qu'elle ne puisse, un jour ou l'autre, à sa manière gauche mais déterminée, finir par déplacer.

Les jugements sportifs sont, à ce titre, comme les jugements moraux tels que Jankélévitch les définit : ils ont en propre d'être « controversables » et « équivoques ». On peut toujours les discuter ou les relativiser. Ce qui est évident d'un point de vue moral est, il est vrai, à la fois certain et incertain. Dans leur « inévidente évidence », ils s'efforcent de dépasser le seul niveau de la survie et de faire primer le devoir-être sur l'être, le vivre-bien sur la bonne vie. On peut certes chercher à dissoudre la liberté morale dans le déterminisme, le relativisme ou le cynisme. Mais rien n'oblige celui qui les défie et les refuse à faire primer la quête de la victoire sur toute autre considération. Rien ne nous contraint non plus, selon la belle formule de Jankélévitch, à « hurler avec les brutes », ni à « aller dans le sens du courant ». On peut avoir le sens de la défense de ses propres intérêts, sans être prêt à consentir n'importe quelle infraction au règlement. Que nous vaut une victoire que nous obtenons sans mérite et dont nous jouissons non pas devant les autres qui nous respectent, mais au détriment de ceux que nous avons lésés ? Peut-on être heureux et fier de soi dans l'injustice, la rapacité et la tyrannie de l'accaparement coupable ? S'incliner devant meilleur que soi, est-ce renoncer à tout mérite pour soi-même ou au contraire se nourrir de l'exemple de celui d'autrui qui nous édifie ?

Lorsque Jankélévitch écrit qu'il n'existe « pas de relation effective et vivante à l'autre, si l'ego ne s'efface pas au profit de l'autre », il nous rappelle que ce n'est pas le moi qui est, comme le pensait douloureusement Pascal, haïssable en tant que tel et qu'il faudrait reléguer au second plan, voire abolir. C'est le rapport intentionnel qu'il entretient avec lui-même et avec autrui qui est décisif. Personne ne peut aisément avouer son égoisme. C'est pourquoi l'altruisme des autres est toujours une chose qui force notre respect, puisque nous ne le saluons que sur fond de notre propre manque d'altruisme spontané. C'est sans doute ce qui fit la beauté et la force du jeu à la nantaise, savamment mis en œuvre et défendu haut et fort pendant de longues années par Jean-Claude Suaudeau, puis par Raynald Denoueix, éducateurs et formateurs au sens le plus noble, à une époque où l'on cherchait avant tout à faire d'un club de football une véritable école du beau jeu. On ne rechignait pas alors à prendre le temps d'unifier le type de jeu d'un club entier, depuis les équipes de tout petits jusqu'à la première formation dans laquelle brillaient au grand jour les joueurs professionnels, encore issus pour l'essentiel du cru local. Car, ici, jouer non seulement avec l'autre, mais pour l'autre, « en première intention », comme le dit si bien la formule consacrée, c'est permettre à chacun d'être mis en valeur et d'exploiter au maximum à la fois son talent personnel et l'occasion qui est donnée à l'équipe de s'imposer par un mouvement collectif efficace. Ce qui n'exclut en rien la recherche de la beauté du geste individuel mis au service de la victoire du groupe.

Sartre, qui ne joua jamais au football mais boxa avec ses élèves normands, savait de quoi il parlait, quand il le définissait comme un « collectif humain », dans sa *Critique de la raison dialectique*. Le football est, de part en part, un phénomène collectif. Ici, c'est l'équipe qui gagne et la victoire est d'autant plus belle qu'elle n'est jamais seulement le résultat d'un coup de génie individuel (qui n'est pourtant pas exclu !), mais d'abord l'effet d'une volonté et d'une habileté communes. Au football, personne ne peut jamais dire « *j*'ai gagné », parce qu'il faut la collaboration d'au moins vingt-deux jambes pour qu'il y ait des vainqueurs.

Deux mots sont ici importants pour cerner ce que Jankélévitch peut nous permettre de penser à propos du rôle de l'intention et de son rapport à la question du mérite dans le football : l'obstacle et le sacrifice. Paradoxalement, on ne peut être altruiste que si l'on est égoïste et qu'on fait l'effort de dépasser son propre égoïsme. Un altruiste de naissance n'aurait aucun mérite. Et Jankélévitch de rappeler à la fois que « c'est l'égoïsme qui rend altruiste l'altruisme » et que « c'est l'ego qui rend possible l'altruisme, mais (que) c'est l'égoïsme qui le rend méritoire ». Le sacrifice de sa propre volonté égoïste de briller et de vaincre par ses seuls moyens est donc le fondement de toute victoire collective. Un sacrifice n'est beau que s'il est gratuit, plein et entier. Il obéit à cette logique du tout ou rien, qui veut qu'il soit total ou inexistant. On comprend ainsi la phrase très forte de Cantona, qui rappelle que « la passe est parfois plus belle que le but ». C'est particulièrement vrai dans la bouche d'un buteur prêt à sacrifier sa place individuelle au classement des buteurs, pour consolider celle de son équipe au classement du championnat.

Le mérite révèle ainsi sa condition la moins évidente et la plus essentielle : il n'existe toujours que *malgré*, rappelle Jankélévitch. Il n'y a pas de mérite sans obstacle, ni difficulté. Ce qui fait la valeur morale du mérite, c'est l'effort d'un individu pour surmonter des difficultés objectives, situables dans le monde, ou subjectives, liées à sa personne, par sens du devoir et par aspiration au bien. Si le concept de mérite a un sens dans le sport, notamment dans le sport collectif, mais aussi et singulièrement au football, si un joueur ou une équipe peuvent être méritants et une victoire méritoire, c'est précisément dans l'analyse du rapport qu'une action pose entre les intentions de son auteur et les conditions matérielles et morales dans lesquelles il l'accomplit.

Le propre de l'intention, c'est d'être une action qui tend vers un objet, une fin, un but. *A priori*, les deux équipes ont en commun une seule et même intention, qui est celle de vaincre. Mais l'intention, c'est aussi l'effort que l'on fournit pour atteindre cet objet ou cette fin, tout ce que l'on met en œuvre pour que la volonté ne soit pas pure velléité et que le résultat obtenu soit le produit d'un effort déployé contre ce qui fait obstacle à l'obtention du but visé. En premier lieu, il y a l'adversité qu'oppose l'équipe d'en face, qui est toutefois une composante naturelle et indispensable du jeu. Mais il peut aussi y avoir des faits de jeu contingents, comme les conditions météorologiques, la blessure d'un joueur, l'expulsion d'un coéquipier ou les aléas physiques et techniques d'une partie. Ce sont autant d'éléments par lesquels le ballon se trouve exposé aux caprices du vent et du soleil, aux défauts du terrain, aux corps des joueurs ou à celui de l'arbitre, frappant barres et poteaux et retombant parfois d'une façon ou en des endroits totalement imprévisibles.

La notion d'intention figure dans le droit romain. Elle désigne l'acte de la volonté considérée par rapport à son but et aux moyens d'atteindre ce but. D'un point de vue juridique, ce n'est pas le fait de donner la mort qui fait, par exemple, l'assassin ; c'est la volonté préméditée et délibérée de la donner. On peut être meurtrier sans être assassin. D'où l'expression : « c'est l'intention qui fait le crime ». On en retrouve la trace dans le fameux péché d'intention des théologiens : de façon hyperbolique, pécher en pensée et désirer commettre la faute, c'est déjà l'accomplir. Le croyant doit avant tout diriger son intention et en redresser les inévitables trajectoires douteuses, qui trahissent la faiblesse humaine. Si les joueurs de football étaient tous maîtres de leurs intentions et capables de contrôler leurs mouvements de corps et d'humeur, voire de renoncer aux moins louables de leurs pensées, il n'y aurait pas besoin d'arbitre. Il suffirait aux joueurs de régler entre eux les litiges qui surviendraient, suite à des fautes involontaires. Cet oxymore footballistique est là pour rappeler à la fois que, dans le jeu comme dans la vie, aucune faute n'est en réalité tout à fait privée d'une intention maligne et que si les hommes le pouvaient, ils enfileraient pour la plupart l'anneau du berger Gygès, évoqué par Platon dans sa *République*, de sorte à devenir invisibles et à se soustraire à toute autorité coercitive. Manière allégorique de rappeler combien les hommes ne respectent le plus souvent les règles et les lois que parce qu'ils craignent le

gendarme ou le juge qui les sanctionnera. Mais,
pour purger le football de la tendance de ses protagonistes à détourner les règles, il ne suffirait sans
doute pas même de faire remonter les arbitres sur
des équidés, comme c'était la coutume, dans le
Caucase, dans les années 1890. Il y aura toujours
des joueurs échaudés par une action ou un fait
de jeu pour monter sur leurs grands chevaux en
toute illégitimité et pour décliner toute responsabilité dans l'« attentat » dont ils sont les auteurs
par ailleurs incontestables. On est toujours surpris
de voir des compétiteurs expérimentés céder à un
mouvement de protestation contre l'arbitre, en
sachant que c'est inutile et souvent infondé.

D'un point de vue philosophique, se pose la
question de savoir si ce qui permet de juger de
la valeur d'une action est l'intention qui l'a dictée
ou bien s'il faut également tenir compte des effets
et des conséquences d'un acte. Chateaubriand
illustre bien cette difficulté : « Celui qui sonde les
reins et les cœurs, vous jugera sur vos intentions,
qui étaient pures, et non sur votre action qui est
condamnable. » Une action peut être blâmable,
tout en étant portée par de louables intentions.
Le sujet humain en vient à confirmer ainsi que
« l'enfer est pavé de bonnes intentions ». Mais la
réciproque est-elle vraie ? Peut-on réellement faire
le bien sans le vouloir en tant que tel ? Un entendement humain peut-il saisir ce qui se produit
dans la volonté d'un autre être humain au moment
où il agit, comme Clouzot filmant Picasso pour

voir littéralement son génie à l'œuvre à travers une vitre ?

Rien n'est moins sûr. Si le bien n'existe pas en dehors de l'intention qui conduit à le viser, l'action est fréquemment seule visible. D'un point de vue moral, on préférera toujours *a priori* une action inefficace, voire nuisible, portée par « les meilleures intentions du monde » à une autre rendue favorable et bénéfique par le détournement de son objectif ou par un hasard lié à des circonstances imprévisibles, qui excluent tout mérite. Il n'est pas sûr qu'il en soit de même au football, où le désir de victoire l'emporte souvent sur tout le reste. Mais il y a des exemples qui montrent que les acteurs du football ne sont pas toujours déterminés comme des robots à vouloir la victoire à tout prix, comme si leur attitude n'était que l'effet mécaniquement programmé d'une volonté privée de toute capacité de faire des choix.

Ainsi, le joueur et buteur anglais Alan Shearer, alors avant-centre vedette recruté à prix d'or par le club britannique de Newcastle, refusa-t-il de transformer un penalty que lui avait « généreusement », comme le dit la litote consacrée, accordé un arbitre. Au maître du jeu, il avait avoué n'avoir subi aucune faute dans la surface de réparation. Respectueux à la fois des règles qui enjoignent d'obéir à l'arbitre et de l'esprit du jeu qui interdit de bénéficier d'un avantage qu'on ne mérite pas, il se contenta d'une passe molle au gardien qui, par son refus d'un avantage indu, se révélait éblouissante de classe. Plus récemment, l'entraîneur argentin Marcelo Bielsa, alors sur le banc du club anglais de Leeds United, celui qu'on se plaît à appeler « *el loco* » (le fou) tant il est passionné par son activité, demanda lui aussi à un de ses joueurs de champ de ne pas marquer un penalty manifestement injustifié. Ce que le joueur en question comprit et fit magistralement.

Pour notre part, nous avons la faiblesse de penser que c'est cela, le football et le sport en général : la volonté de vaincre, de gagner, de l'emporter, de jouir de la domination, mais pas n'importe comment, ni à n'importe quel coût, ni surtout en oubliant que l'autre en face a aussi le droit de vaincre, s'il est meilleur. On ne bat finalement jamais que soi-même, ses propres limites, ses propres obstacles, et en aucun cas un ennemi, quand on mérite de vaincre. Une enquête rassurante du journal *Le Monde,* publiée à la fin de l'année 2019, montre que le fait de gagner n'est pas, du reste, la priorité absolue des joueurs de football entre sept et dix-sept ans. Elle nous rappelle qu'un Steven Gerrard, alors capitaine du FC Liverpool et au sommet de sa gloire, pouvait répondre à son entraîneur français de l'époque, Gérard Houiller, que le plus beau jour de sa vie de footballeur ne fut pas celui de sa victoire en Ligue des Champions, comme son mentor pouvait le supposer, mais le jour où celui-ci lui confia le brassard de capitaine. Honneur suprême que celui de conduire, dans la victoire comme dans la défaite, l'équipe de son cœur selon les principes d'un sport qui n'en manque pas.

Alors, oui, non seulement c'est l'intention qui compte, mais il n'y a à proprement parler qu'elle qui, d'un point de vue moral et sportif mêlés, importe. Un joueur ou une équipe qui entrerait sur le terrain avec l'intention de perdre ne mériterait sans doute pas d'y pénétrer, ni d'y jouer. Vouloir gagner est l'expression la plus naturelle de la volonté de jouer, de prétendre participer à un jeu. Les joueurs ont le devoir de s'entraîner quotidiennement dans cette optique. C'est pourquoi il faut tout entreprendre, dans les limites fixées par les règles du jeu, pour l'emporter sur son adversaire. Pour cela, on ne doit pas confondre le respect qu'on a et qu'on doit toujours conserver pour lui, avec une compassion mal placée ou une pitié malsaine : une équipe est d'autant plus respectée qu'elle est battue largement par l'équipe qui la surclasse à tous les niveaux. Si l'on peut inscrire un grand nombre de buts, non seulement on en a le droit, mais aussi sans doute le devoir. C'est ainsi qu'on respecte son adversaire, en faisant valoir ses forces contre les siennes – et rien d'autre. Un score mérité est un score qui traduit fidèlement un rapport de force constaté tel jour, entre telle et telle équipe et dans telles conditions déterminées. Les petits joueurs de moins de douze ans du club de l'Ajax d'Amsterdam doivent en avoir retenu la leçon, puisqu'ils firent la une des journaux spécialisés pour ne pas avoir hésité, à l'automne 2019, à vaincre leurs adversaires du MVV Maastricht sur le score sans appel et mirobolant de 50 à 1 !

Si aucun jeu n'est sérieux et que tous sont puérils, comme aimait à le rappeler Aristote, il ne serait pas sérieux, ni moral, de prétendre jouer pour subir le jeu et en pâtir. À la limite, ce ne serait pas du tout jouer. L'important, c'est de participer, rappelle l'adage olympique, mais il faut correctement l'interpréter : on ne fait pas du sport pour figurer dans une compétition, mais pour y faire la *meilleure* figure *possible*. Qu'est-ce à dire ? On peut être honoré d'être sélectionné ou qualifié pour un tournoi dans lequel on sait que l'on a peu de chances de l'emporter, parce que la concurrence est d'un niveau largement et indubitablement supérieur. Participer aux Jeux olympiques ou à la Coupe du monde, être retenu dans l'équipe de son quartier, de son école, de son club, de sa région ou de son pays, c'est toujours le même honneur. Cela entraîne et justifie le même devoir pour un footballeur digne de ce nom. On peut briller et l'emporter. On peut simplement participer et être défait. Mais, dans tous les cas, on se doit à soi-même et à ses partenaires, à ses dirigeants et, éventuellement, à ses supporters, de prendre la mesure des obstacles qu'on rencontre. L'intention sportive est d'abord cet exemple moral universalisable qu'on donne à tout autre individu, que jouer pour jouer, c'est vraiment jouer, en jouant « tous les coups à fond », comme on dit, et en ne faisant que jouer dans et par les règles plutôt qu'en se jouant d'elles, au risque de déjouer et de tuer le jeu lui-même.

10.

La manière et l'occasion

À la différence d'un match de basket-ball, dont le score est généralement élevé et où le spectacle est garanti, d'une rencontre de handball, où la comptabilité est elle aussi abondante et les joutes spectaculaires, ou même d'une partie de rugby, dans laquelle il se passe toujours quelque chose au cœur de la mêlée et qui ne se clôt jamais sur un score vierge, il y a au football des matchs qu'on appelle nuls. On veut dire par là qu'aucun but n'a été inscrit, et non pas que le spectacle offert n'a eu aucun intérêt, même si cela se produit parfois pour diverses raisons (conditions météorologiques déplorables, fatigue d'au moins une des deux équipes, grandeur ou misère de l'enjeu, manque de motivation, calcul d'intérêts communs, etc.). Il y a même de très beaux matchs qui s'achèvent sans que le tableau d'affichage ait subi le moindre frémissement. Mais, quand on vient au stade, c'est pour voir des buts, bien qu'ils n'arrivent pas toujours. Louer l'intention n'exclut pas de célébrer la manière. Or, celle-ci se mesure en beaux gestes, si possible décisifs.

À la question qui lui était posée par un journaliste italien de savoir quel était selon lui le score idéal d'un match de football, Michel Platini répondit spontanément, en ces temps glorieux où il était régulièrement sacré *capocanoniere* de la série A transalpine, que c'était selon lui 3 à 3. Il justifiait son choix par l'idée, au demeurant fort louable, qu'un match animé dans lequel on aurait vu beaucoup de buts et deux équipes fournir le spectacle d'une belle rivalité tenant en haleine les spectateurs jusqu'à son terme ne pouvait qu'être une source de grande satisfaction pour tous. On peut se réjouir de percevoir, dans ces propos, un écho lointain et sans doute involontaire de l'antique idéal homérique d'un combat loyal des égaux, comme celui qui oppose Achille à Hector encore à la nuit tombée et qui reprend au petit matin jusqu'à ce que le meilleur prenne le dessus. À cela, celui qui interrogeait le capitaine tricolore rétorqua sèchement que, selon lui, il n'en était rien, car le score idéal était à l'évidence celui de 0 à 0. Pourquoi cela ? Tout simplement parce qu'on peut en déduire qu'aucune erreur n'a été commise par les joueurs des deux équipes et que, par conséquent, quelle que soit la qualité du jeu, qui peut à la rigueur être excellente, tout le monde avait parfaitement rempli son rôle et tenu sa place. C'est un peu sec, mais diablement cohérent.

Reste qu'on va au stade pour voir le jeu s'animer, les joueurs performer et les filets trembler, de préférence ceux de l'équipe qu'on tient pour adverse. À la condition d'être parvenu à la fois à la majorité morale et à la maturité esthétique, on peut bien se contenter, au sens propre, du spectacle qu'offrent deux équipes privilégiant le jeu sur l'enjeu, l'opposition de styles sur le résultat, bref le football sur la comptabilité et la gloriole. On pense au football dit « total », celui des géniaux Bataves des *seventies*, emmenés par l'inclassable Johann Cruyff. Ils furent certes deux fois défaits en finale de la coupe suprême ; mais on n'oubliera jamais la trace unique qu'ils ont laissée dans l'histoire d'un sport où il est donc possible que tous les protagonistes soient libérés de la spécialisation aliénante d'une tâche unique, étroitement défensive ou offensive, et jouent à tous les postes, tous ensemble, tout le temps. Tout est là : diviser le travail sans aliéner le travailleur.

Sans avoir jamais été bien nombreux, ils se font de plus en plus rares, les stratèges et les tacticiens qui privilégient la manière sur le résultat, la beauté du jeu sur le calcul des intérêts. L'ancien entraîneur de Rennes et de Lorient, Christian Gourcuff, aujourd'hui à Nantes (mais pour combien de temps ?), est connu et souvent critiqué pour la priorité qu'il accorde à la façon de jouer de son équipe, plutôt qu'à son classement dans le championnat ou à sa progression dans une compétition quelconque. Le réalisme du monde professionnel ne fait pas forcément bon ménage avec les vertus de l'éducation morale et physique. Mieux vaut toutefois, pour un joueur en devenir, apprendre à jouer et à évoluer avec un tel mentor du beau jeu, que de recevoir sans broncher, à l'âge de son acné, les leçons mi-rassurantes, mi-désespérantes d'un maître ès cynisme et ès réalisme.

À l'opposé de celui qui passe à tort pour un doux rêveur et un idéaliste indécrottable, on peut citer l'entraîneur argentin naturalisé français Helenio Herrera Gavian. Celui qui dirigea de main de maître, après Barcelone, le grand Inter de Milan des années 1960 fit ses classes de jeune footballeur du côté de Casablanca, où ses parents d'origine andalouse avaient émigré. Deux fois sélectionné en équipe de France, le joueur de Charleville et du Red Star, avec lequel il gagna une finale de Coupe de France pendant la guerre, ne connut que le banc de touche chez les Bleus, lors de ses deux sélections. Avec le club lombard, il remporta en tant qu'entraîneur, entre 1960 et 1968, pas moins de deux Coupes des clubs champions, une Coupe intercontinentale (la Coupe du monde des clubs) et trois *scudetti* (le championnat d'Italie). Mais à quel prix ? De quelle manière ?

Le stratège sud-américain avait inventé le tristement célèbre *catenaccio*. Le mot signifie cadenas ou fermoir en italien, du mot *catena*, « chaîne ».

Sous ce terme peu reluisant, il créa un système de jeu original. Celui-ci était directement inspiré des orientations tactiques très défensives des équipes helvètes d'avant-guerre. Il y fut initié pendant son passage dans les Ardennes en tant que défenseur. Le principe en était fort simple : ne jamais se livrer, se détourner totalement de la production d'un quelconque souci de jouer pour jouer et attendre son heure pour placer quelques banderilles, à la limite même une seule, dans le flanc d'un adversaire qu'on aura pris le soin d'user et de laisser se fatiguer, en menant des assauts rendus stériles par l'hermétisme d'une défense de fer. À ce petit jeu, on annihile progressivement toute velléité créative chez l'adversaire. On renonce à faire belle figure, pour s'assurer de ne jamais perdre la face. Toute option offensive est tuée dans l'œuf.

Le supporter d'une telle équipe s'ennuyait ferme. Mais il était prêt à consentir tous les efforts de patience et à subir tous les assauts du monde, pour peu que son équipe l'emportât à la fin, même par le plus étriqué des scores (1 à 0 très souvent) et de la moins glorieuse des manières (une seule et unique contre-attaque décisive parfois dans tout un match sans éclat). L'impact de cette tactique fut si grand qu'on mesura longtemps ses effets dans le jeu italien en général. Au point de l'identifier avec la *Nazionale* italienne elle-même, critiquée pour son sens du calcul et sa froideur réaliste. Les *Azzuri* en donnèrent un bel exemple, lors de l'édition 1982 de la Coupe du monde. Ils passèrent

piteusement le premier tour, sans gagner le moindre
match. Puis, ils furent repêchés de justesse, avant
de briller ensuite comme jamais face à l'Argentine, au Brésil, à la Pologne et à la peu glorieuse
Allemagne de cette année-là (qui contribua à faire
honteusement éliminer l'Algérie avec la complicité des Autrichiens et battit les Français dans une
fin de match tragique). Les *Azzuri* purent alors
conquérir avec panache et bonheur (on se rappelle
la joie dionysiaque de Marco Tardelli) le titre
mondial et accrocher une troisième étoile à leur
maillot qui, depuis 2006 et la farce finale de Berlin,
en comporte quatre. De l'Italie, on ne retint longtemps, et aujourd'hui encore pour partie, qu'une
de ses deux faces de Janus, il est vrai souvent par
la faute des intéressés eux-mêmes. Les commentateurs hexagonaux ne manquent pas de les critiquer
à la première occasion, avec raison quoique parfois
un peu excessivement, quand ce n'est pas sous
l'effet d'une envie rentrée. Reste que ne pas jouer
pour gagner ou gagner sans jouer, c'est tomber
dans le même travers peu reluisant et dégrader ce
qui rend ce jeu si agréable à regarder, du moins
quand il est pratiqué dans les règles de l'art.

De fait, le football ne peut être beau que pour
qui le comprend. C'est là son point commun avec
l'art. On peut bien être touché par un tableau, une
musique ou une quelconque œuvre d'art, sans
posséder une véritable formation esthétique. C'est
un des mystères de l'art. Mais, au football, comme
à l'opéra ou au musée, il faut avoir le regard et

l'écoute un tant soit peu éduqués pour apprécier à sa juste valeur le spectacle qui est proposé. Il ne va pas de soi de comprendre ce qu'une transversale, une passe aveugle, une reprise de volée ou un mouvement qui laisse filer le ballon sans le jouer peuvent avoir de génial. L'aisance et la spontanéité avec lesquelles un joueur de grand talent accomplit certains gestes interdisent parfois au connaisseur lui-même, et plus encore à l'œil profane, de mesurer immédiatement la qualité de sa prestation, tant le style, l'inspiration et le génie, voire l'exemplarité qui garantit d'être imité sans jamais pouvoir être égalé, catégories par excellence de l'esthétique en philosophie, notamment dans sa version kantienne, recouvrent et font oublier tout ce malgré quoi tel geste est non seulement tenté, mais réussi et exploité dans le sens du jeu.

Sur cette question, de brillantes analyses ont déjà été faites. Elles expliquent qu'au fond on peut, moyennant certaines précautions lexicologiques et conceptuelles, trouver des points de convergence entre l'activité artistique et la pratique sportive – du moins quand celle-ci est portée à un niveau d'excellence maximal, mais sans pouvoir tout à fait mettre sur le même plan la chapelle Sixtine et le plus beau des matchs France-Brésil, qui est incontestablement celui de 1986. Le caractère éphémère et non intellectualisé du geste footballistique interdit sans doute de lui accorder le statut d'œuvre. La chose est entendue. Mais n'y a-t-il pas des raisons de ne pas la considérer comme tout à fait réglée ? On n'a pas tout dit, en effet, quand on affirme que tel match, tel geste, tel mouvement sont « beaux », et moins encore lorsqu'on martèle que seule la victoire est belle – ce qui, très souvent, n'est tout simplement pas vrai. La langue française comporte deux mots ordinaires qui appartiennent au domaine du football. Vladimir Jankélévitch les a mieux que quiconque articulés entre eux, en les intégrant à sa philosophie du « Je-ne-sais-quoi » et du « Presque-rien ». Il les a sciemment associés dans le sous-titre de la première partie de l'ouvrage qui réunit ces deux expressions un peu étranges : ce sont la manière et l'occasion.

La manière, c'est la forme déterminée que prend un processus ou une action. C'est un terme incontournable de la langue de la morale et de celle du football, associé à celui d'action. On disait autrefois « faire des actions », c'est-à-dire initier ou simuler des mouvements de jeu équivalents à ceux d'un vrai match, pour désigner le jeu entre amis. Le terme existe toujours, pour désigner les phases les plus offensives d'un match. Chaque équipe invente sa manière de jouer et de construire des actions, qu'elle met en place au cours de séances répétitives d'entrainement, puis qu'elle tente d'appliquer en match. Pour cela, il faut à chaque fois s'adapter aux caractéristiques des équipes, en tenant compte de leurs qualités et de leurs défauts, aujourd'hui scrutés de façon systématique grâce aux moyens techniques de la vidéo.

Mais la manière est plus et autre chose qu'un ensemble de techniques et de procédés pour parvenir à une fin ou à un résultat dans le cadre d'une action de jeu. Elle s'entend en de multiples sens. En lecteur de Baltasar Gracian, un génial jésuite espagnol, contemporain de Descartes, qui fréquenta la cour des puissants sans craindre d'écrire ce qu'il pensait, Jankélévitch voit dans la manière autre chose qu'une affaire exclusivement technique et pratique. La manière a à voir avec l'intention, entendue en un sens extra-moral. Elle a un sens profondément spirituel. Elle exprime « le tour d'esprit et la tournure de l'âme ». Plus que la façon de procéder, elle manifeste une certaine modalité de notre rapport au temps. Le roi comme le médecin, le général autant que l'orateur, tous doivent apprendre à inscrire leur action dans le temps, rappelle Gracian. Ils se forment par l'expérience et la prudence, en se trompant et en adaptant leurs actions à une réalité qui ne cesse de changer continuellement. Gracian écrit : « Un général d'armée se fait aux dépens de son sang et de celui d'autrui ; un orateur, à force d'étude. Il n'y a pas jusqu'au médecin, qui, avant de tirer un homme du lit, n'en jette cent au cercueil. »

La manière est avant tout le produit de notre volonté et de nos efforts, d'abord maladroits et improductifs, pour l'exercer en vue de nous accomplir en tant qu'agents moraux. On ne peut rien y entendre si on la vide de sa substance, qui est l'intention, et de ce que Jankélévitch nomme mystérieusement (et pourtant très clairement !) notre « volonté de vouloir ». La manière, c'est ce qu'il revient en propre à un être de faire, sans qu'il dispose d'un savoir extérieur à ses actes. Ainsi le courageux ne l'est-il pas par ce qu'il sait du courage, mais par ce qu'il décide et choisit de faire. Si la manière est vertueuse, c'est d'abord d'être voulue. Cela ne s'enseigne certes pas, mais cela se travaille au fil d'une éducation et surtout cela se décrète par une volonté de faire pleinement et résolument ce que l'on fait – et rien d'autre. La manière, parce qu'elle est volontairement choisie et assumée, est non pas la modalité par laquelle nous faisons ce que nous faisons. Elle est ce qui nous fait par la détermination autonome de ce que nous souhaitons être. C'est pourquoi, nous glisse avec raison Gracian, « il ne faut jamais vaincre seulement par la force, mais encore par la manière. Vaincre en scélérat, ce n'est pas vaincre, mais bien se laisser vaincre ; la générosité a toujours le dessus. L'homme de bien ne se sert jamais d'armes défendues ». À l'oublier, le relativiser ou le nier, on finit, comme les Bleus à Knysna, pétris de mauvaise conscience et incapables de s'imposer, par se mutiner sottement contre soi-même, au fond d'un bus qu'on aurait mieux fait de ne jamais prendre, puisqu'un voyageur sans titre de transport valide ne saurait se déplacer dans la tranquillité de l'esprit. Elle seule permet de se fixer un cap méritoire et d'arriver sereinement à bon port. Les joueurs français ont commencé à mériter d'être éliminés le jour où ils se sont qualifiés honteusement et qu'ils ont malgré tout voulu faire comme si la manière importait peu. Ils ont joué contre eux-mêmes tant qu'ils ont pu s'en croire dignes, jusqu'à ne plus souhaiter jouer du tout. Ils avaient négligé l'essentiel, qui ne se résumait pas à des suites d'hôtel luxueuses et à une promenade m'as-tu-vu dans un ghetto sud-africain.

La manière, c'est ce qui fait la qualité d'un joueur, la valeur d'une équipe et la grandeur d'un exploit. Il s'agit de permettre à quelque chose ou à quelqu'un non seulement de se faire être, mais de se réaliser pleinement. Gagner avec la manière, ce n'est pas uniquement vaincre, au sens où Napoléon écrit à Joséphine, en 1796, qu'il battra son ennemi « de la belle manière », c'est-à-dire sévèrement et énergiquement. On dirait aujourd'hui « à plate couture ». Comme un tailleur d'antan supprimait une couture saillante, en l'écrasant avec un dé à coudre. Sans vilain jeu de mots, il ne s'agit pas seulement de vouloir en découdre avec l'adversaire, mais bien de « faire manière », comme le suggère un sens vieilli et guère plus usité d'une expression que tout le monde a oubliée. *Faire manière*, c'était savoir feindre ou faire mine de faire une chose, afin de tromper le jugement de l'adversaire. On peut le faire au football par bien des voies, en aspirant l'équipe d'en face par un jeu très bas, en restant dans son propre camp pour mieux la contrer ou en multipliant les gestes techniques qui l'empêchent de savoir ce qui va se produire l'instant d'après.

C'est ce que permettent les passements de jambes, les passes aveugles et les dribbles chaloupés. Impossible, donc, de se résoudre à dire que « la manière importe peu ». Dès lors qu'il est question d'agir et de bien agir, de façon morale et simplement pragmatique, elle est au contraire tout, nous rappellent de concert Gracian et Jankélévitch. Elle est l'esprit du jeu lui-même. Comme tout ce qui a de la valeur, le beau jeu n'est pas seulement rare et précieux ; mais il peut être raffiné et perfectionné à l'envi, parce qu'il est un produit de l'esprit. La manière de jouer d'un joueur, et sans doute aussi d'une équipe, même quand elle est le produit du travail et de la répétition infinie des mêmes gestes, demeure quelque chose de profondément mystérieux. Elle est là, sous nos yeux. Nous en prenons connaissance et conscience, mais sans que jamais nous ne puissions la passer définitivement au filtre de nos savoirs, puisqu'elle échappe à une stricte saisie rationnelle.

On peut bien gloser sur l'Ajax des années Cruyff, sur le Milan AC à la sauce italo-hollandaise savamment concoctée par le gourou Arrigo Sacchi, qui récidivera avec d'autres joueurs en équipe nationale italienne quelques années plus tard, ou sur ce qui fait le jeu à la brésilienne, à l'allemande ou à l'anglaise (y en a-t-il seulement un à la française ?) : aucune explication ne permettra jamais de venir à bout de ce qui fait que, dans tel contexte et avec tels éléments de culture sportive, un football triomphe ou, au contraire, sans qu'on comprenne pourquoi, à un moment, inexorablement décline, puis disparaît. Autant dire que prétendre imiter une manière de jouer, ce serait chercher à se baigner à nouveau dans un fleuve dont Héraclite nous a pourtant appris, depuis son Éphèse natale où il donna le coup d'envoi de la philosophie, que, pas plus que nous, il n'est jamais le même. Ici, il faut inventer ce qui doit être fait et qui, par définition, ne l'a jamais été de façon définitive, ni exhaustive. Le football se décline en une multiplicité de styles et de tonalités. A l'instar de la « poésie brésilienne » qui, selon Pasolini, le poète-cinéaste-footballeur, l'emporta sur la « prose italienne », à la Coupe du monde 1970, dans une finale d'anthologie qui reste sans doute comme la plus belle à ce jour. Une affaire de style et de genre littéraire : ici, la manière est tout et les souffles s'en trouvent durablement coupés. Et Antoine Blondin d'ajouter, en fin connaisseur des deux mondes : « Le football brésilien, c'est un alexandrin, mais de vingt-deux pieds. »

Jouer au football, c'est créer activement des mouvements et des phases de jeu susceptibles de générer des situations dans lesquelles il est possible de déséquilibrer l'adversaire et d'exploiter ses faiblesses. Pour cela, il faut identifier les failles du système qu'on nous oppose et trouver le moyen de réduire drastiquement celles du sien. Les situations dites « favorables » ou « dangereuses », celles qui permettent d'asseoir potentiellement sa domination en inscrivant un but, sont désignées par le mot courant d'*occasion*s. Là encore, la langue ordinaire, celle des philosophes et celle des amateurs de football, se rencontrent et s'entrecroisent, en produisant des effets inattendus et souvent méconnus. Pour l'attaquant, l'occasion, c'est le rendez-vous avec lui-même et avec son destin. Il ne peut se contenter de la créer. Il lui faut la transformer, la « mettre au fond », dit-on, en l'occurrence ici au fond des filets du gardien, qui n'existaient pas aux premiers temps du football, quand les buts ressemblaient davantage à ce qu'ils sont au rugby qu'à ce qu'ils sont à présent. De manière générale, on préférera un attaquant qui s'en crée peu, mais qui en mène beaucoup, voire la plupart, à terme, à celui qui les multiplie de façon inefficace. À l'élégance sublime mais régulièrement stérile face à la cage d'un Enzo Francescoli, l'idole du jeune Zidane, on préférera l'efficacité moins soucieuse des formes d'un renard des surfaces à la Rudi Völler ou à la Pippo Inzaghi, capables de marquer un but avec n'importe partie du corps, de préférence non pédestre. On n'aura pas forcément toujours raison avec les faits.

Quand on le critique pour son inefficacité (on dit « vendanger » au football), on oublie qu'un attaquant, s'il ne doit pas confondre vitesse et précipitation, selon l'adage du bon Jacquet, est soumis à de multiples forces contraires, comme la fatigue produite par la longue course qu'il lui faut faire et répéter régulièrement, la pression du défenseur, le face-à-face avec le gardien de but, éventuellement la qualité de la pelouse et, dans tous les cas, les émotions auxquelles il est sujet au cours de la réalisation de son ultime geste. On ne doit pas non plus négliger que, si la médecine et la rhétorique s'apprennent, l'art d'être attaquant et le sens du but sont des choses assez mystérieuses, qui plongent leurs racines dans les tréfonds de la conscience et du temps.

Pourquoi est-on attaquant plutôt que défenseur ? Pourquoi choisir de se retrouver devant le but, soit de dos comme le gardien en dernier rempart des siens, soit de face comme le buteur qui toise, attaque et menace le camp adverse ? Pourquoi vouloir s'en tenir à distance respectueuse ? Le sait-on soi-même ? N'est-ce qu'une affaire de qualités athlétiques et de dispositions techniques, qui évoluent avec les années ? Le grand Jean-Pierre Papin n'était-il pas capable de marquer dans les positions les plus folles, comme il le fit en équipe nationale, un soir de grâce de février 1991, contre l'Espagne, au Parc des Princes, puis quelques années plus tard avec le Milan AC d'une reprise de volée incroyable contre le FC Porto, en Ligue des Champions, ou après une folle chevauchée solitaire de plus de soixante-dix mètres, comme sur le gazon auxerrois de l'Abbé-Deschamps, qui en frémit encore, lorsqu'il portait les couleurs de l'Olympique de Marseille ? Le même joueur, futur Ballon d'Or et connu pour ses fameuses « papinades » (détournement ironique, mais élogieux, des sinistres « cagades » locales), ratait pourtant quelques années plus tôt une avalanche d'occasions, qu'il « vendangea » d'une façon inexplicable.

Ce fut singulièrement le cas lors de la Coupe du monde 1986 où, après qu'il eut servi de point d'appui à Dominique Rocheteau, Henri Michel finit par lui préférer Yannick Stopyra. Les voies de la réussite sont, pour un joueur comme pour une équipe, parfois impénétrables. Il y a là un mystère qui, comme tous les autres, ne sera jamais percé. Mais la fréquentation de la cage, à la fin de l'entraînement collectif, sous l'égide de son premier entraîneur marseillais, Gérard Banide, et une solide culture du travail ancrée dans le bonhomme, feront de la bonne pousse, passée par l'INF-Vichy, puis par les FC Valenciennes et Bruges, un authentique « tueur » d'actions, dans le bon sens du terme cette fois.

Le buteur est, exprimé dans la langue et la pensée de Jankélévitch, celui qui sait attendre son heure et, quand il se présente, ne pas rater le *kairos*, le moment opportun, cette vieille lune grecque, qui n'a laissé indifférents ni Machiavel, ni Nietzsche. Chaque occasion a en propre d'être à la fois neuve et unique, pour peu qu'on sache se rendre disponible. Telle est la raison d'être de l'attaquant de pointe comme du politique, ces deux figures de l'homme d'action en quête du coup de force. En raison de son unicité et de sa nouveauté même, l'occasion exige de celui qui la crée ou qui la voit passer sur son chemin de s'en saisir, de l'attraper par les cheveux et de ne surtout pas la laisser filer. Pour cela, il faut être libre, au sens d'un amant sans attache, prêt à épouser celle qu'il rencontre et qu'il aime sur-le-champ et sans arrière-pensée. En restant ouvert à ce qui advient comme à la proie sur laquelle on bondira sans trembler, au moment où elle s'y attendra le moins à la façon de Don Juan. Les renards des surfaces savent mieux que quiconque ce que Kierkegaard se plaisait à énoncer : « l'occasion est toujours quelque chose de fortuit, et l'énorme paradoxe consiste dans le fait que le fortuit est absolument aussi nécessaire que le nécessaire ». Comment faut-il le comprendre ?

Là où tout le stade voit le défenseur réussir son contrôle ou le gardien assurer sa prise de balle, l'avant-centre de génie ou l'ailier de métier sait d'un savoir que rien ne fonde, sinon sa propre expérience et son intuition virant à l'obsession, que tout est, dans l'ordre des filets tremblants, à chaque instant possible. Pour en profiter, il faut constamment se tenir prêt à tendre, outre l'oreille et l'œil, la jambe, le genou et n'importe quelle autre partie disponible du corps, pour peu qu'elle ne se situe pas entre la main et l'épaule. L'attaquant le sait, à sa manière singulière, qui n'est ni théorique, ni abstraite, mais sentie et intransmissible. L'occasion n'est pas un fait du monde, situé quelque part dans les choses, qui se présenterait comme un donné empirique potentiel ou effectif. C'est le point, à la fois provoqué et provoquant, où le sujet individuel rencontre et élargit d'une même intention la réalité en certaines de ses coordonnées et s'en empare pour agir. La considération de l'occasion expose à une série de paradoxes et de difficultés.

Tout d'abord, il faut être disposé à ne rien faire d'autre que l'attendre de toutes ses forces et de toute son attention, pour la saisir au cas où elle se présenterait. En même temps, on ne doit surtout pas trop y penser, afin de ne pas se laisser déborder par l'enthousiasme ou par la crainte de rater son coup – au risque de déjouer par un excès d'envie qui se révélerait fâcheux et contre-productif. Il faut, d'un même mouvement intérieur, être tout à la chose que l'on convoite et surtout pas trop à soi-même, sans pour autant jamais cesser de rester concentré, ni ouvert à ce qui pourrait – qui sait quand, pourquoi et comment – survenir à l'improviste.

Ensuite, l'occasion suppose une forme d'irréversibilité, étrangère à la conception cyclique du temps des Grecs. Ce mouvement sans retour de l'occasion une fois survenue expose à la nostalgie, voire à la mélancolie, celui qui la voit passer sous son nez ou au bout de son pied et la manque, avec la claire conscience que jamais plus l'occasion, en tant que fait unique et impossible à réitérer, ne se représentera. Ainsi, le footballeur monégasque Rui Barros, de nationalité portugaise, qui officiait dans les années 1990 avec talent sur le Rocher, reconnaissait-il ses limites et les conséquences déprimantes de ses ratés. Il lui arrivait de ne pas parler pendant deux jours au moins à ses proches, ni à ses coéquipiers, lorsqu'il ratait une de ces occasions qu'on dit « toutes faites » ou « toutes cuites ». On veut rappeler par là leur caractère de réalisation quasi complète et achevée, auquel le buteur ou le finisseur n'aurait qu'à ajouter la pointe de sel de son habileté et de sa lucidité. Le champion lusitanien, comme tant d'autres avant et après lui, avouait donc se trouver alors plongé dans une sorte de brève mais intense dépression, qui ne se résorbait et ne se surmontait que par l'entraînement et la réussite au match suivant. Le spleen post-match est une pathologie bien connue des buteurs (et des gardiens de but), surtout en période de disette ou de maladresses répétées. Eux savent mieux que quiconque, quoique là encore d'un savoir sans objet, ni méthode, ni certitude rationalisables, qu'il est facile de perdre pied quand on manque l'occasion unique et irremplaçable que le temps compté d'une partie ne délivre qu'avec parcimonie et rareté. Pour plagier les beaux éloges funèbres derridiens, on pourrait dire que, pour celui qui manque le cadre de l'occasion, c'est, « chaque fois unique, la fin [sinon] du monde », du moins du match. D'autant qu'il y en a certains au cours desquels la faible lueur d'une cage qui s'ouvre ou se découvre ne se laisse entrevoir qu'une seule et unique fois.

Enfin, l'occasion a la duplicité de toute chance. Par une heureuse polysémie *so british*, elle est à la fois risque et péril. Comment ne pas reconnaître un portrait du buteur et de sa condition précaire, sous la plume alerte de Jankélévitch, quand il écrit que « chaque instant est virtuellement une occasion opportune, même s'il n'est pas toujours, pour le chasseur d'occasions, une proie exceptionnelle » ? Le ballon qui parvient sur la tête de l'attaquant, c'est le contraire de la tuile qui chute sur la tête du passant. Seul le premier est une rencontre, un *kairos* au sens d'une opportunité dont il est possible de tirer un printemps de l'existence. Comme l'amour qui commence à poindre, quand apparaît ce regard avec lequel on joue au fond de l'autobus. Ici, la solitude de celui qui attend et espère ne signifie pas l'isolement, par définition rétif et même contraire à toute logique de la rencontre.

Au football ou dans la vie, on ne peut créer une occasion à soi seul, quand bien même l'homme serait définissable, ainsi que le laisse entendre Jankélévitch, comme un « ingénieur des occasions ». Si ce dernier est capable de « mettre à son service, grâce aux ruses de l'*ingenium*, les marées et les chutes d'eau en les drainant dans son propre sens », aucun homme n'accomplira jamais rien d'humain sans d'autres hommes pour l'en rendre capable. L'attaquant n'échappe pas à la règle : comme le joueur de poker, il doit être servi. Son talent consiste non pas à se servir tout seul, mais à faire usage de ce qui lui est offert pour en tirer le meilleur parti. Entre passivité et activité, il revient à ce dernier de manifester la capacité de recevoir ce qui ne vient pas de lui pour faire communauté avec les autres joueurs et, en même temps, d'avoir, par son activité propre, ses mouvements originaux, ce qu'on appelle au football ses « appels de balle » et son « jeu sans ballon », le génie de se créer les occasions qui ne s'offriraient à personne si, lui, n'en avait pas l'intuition.

En théologie comme au ballon rond, l'appel ne précède toutefois pas phénoménologiquement la réponse. C'est bien parce que la course dans le dos du défenseur ou que le micro-signe de disponibilité que l'attaquant émet de façon imperceptible *répond* à un possible scénario offensif qui se profile à qui sait lire entre les lignes du pied, que quelque chose comme un *appel* peut être envoyé et reçu, sans que la logique de la succession temporelle soit respectée ou même présupposée. Quand elle l'est, c'est que l'action était « téléphonée », disent les footballeurs. En général, elle avorte aussitôt. À l'instar des barbouzes même les moins patentés, les joueurs reconnaissent qu'un appel émis depuis une source trop aisément identifiable ne peut qu'être intercepté et, finalement, conduire à une action morte née et à une occasion inaboutie.

En cela, le buteur, mais aussi bien le meneur de jeu, prennent les traits de cet « homme d'or » qui fascine tant Jankélévitch dans *La Ronde de nuit* de Rembrandt. Mais c'est aussi vrai du milieu récupérateur, qui sait filer entre les lignes ennemies, ou du défenseur, dont la relance crée le décalage sans lequel le but ne serait pas inscrit quelques secondes après et cinquante mètres plus loin. Tous les acteurs du jeu, gardien compris évidemment, sont voués, au football, à cette double tâche, à la fois harassante et enivrante, de créer et de chasser les occasions qui n'existent que par et pour eux. À chaque instant du match, tout est occasion de jeu. La moindre erreur peut fournir à l'adversaire l'occasion de renverser la vapeur. Le coup de patte du technicien menace sans cesse de déséquilibrer les plans les mieux conçus, en débordant par son panache tous les principes de l'esprit de sérieux.

Pour cela, il faut trouver, dans la langue subtile du penseur de *L'Imprescriptible*, la manière de faire siennes « les fluxions imperceptibles du devenir » et savoir faire « la promotion des accidents les plus insignifiants et des facteurs les plus négligeables ». L'occasion existe-t-elle alors en soi, indépendamment de celui qui la crée ou se montre capable de s'en saisir ? Rien n'est moins sûr, dans la mesure où « l'occasion n'opère que parce que la situation est rendue instable, explosive, virtuellement féconde en effets potentiels, grâce à la préexistence latente de la cause ». Pour se saisir d'une occasion, il faut toujours deux éléments : une « cause non fécondée par l'occasion » et une « volonté inspiratrice ». En effet, « l'occasion toute seule n'est ni suffisante, ni même nécessaire ». Certes, « l'occasion est un hasard qui nous fait des offres de services et nous apporte des chances inédites ». Mais « l'occasion est (aussi) quelque chose dont il faut savoir se servir ».

En un mot, rien n'est plus précieux que de savoir « traverser la vaste carrière du Temps pour arriver au centre de l'Occasion », rappelle Vladimir Jankélévitch. Tel est peut-être, *in fine*, la raison d'être et l'objet jamais identifié comme tel du mystère qui a pour nom football : *être* ou *faire occasion* pour des êtres pour lesquels le temps n'est pas un cadre indifférent, ni un milieu homogène, ni même un vulgaire objet de mesure, mais, comme la toile pour l'araignée et la langue pour le poète, à la fois ce qu'ils font et ce dont ils sont faits, sans qu'on puisse dissocier le matériau de la construction, ni les moyens des œuvres.

À ces analyses, il faut, pour finir, ajouter quelques remarques sur une autre notion, elle aussi de nature temporelle, quoique pas exclusivement, qui flâne sur les terres indécises du football. En lecteur scrupuleux et reconnaissant de Gracian, Jankélévitch lui consacre de belles pages, écrites en toute liberté philosophique : c'est celle de *saison*. Elle dénote la période de l'année, qui correspond à un des quatre cycles de la nature ; mais aussi l'organisation arbitraire des rencontres qui se succéderont dans le temps, comme c'est le cas à l'opéra ou dans le sport. Pour nos deux auteurs ne construisant qu'une seule et même pensée à trois siècles de distance, la saison désigne « ce qui donne son point de perfection à la renommée, en permettant le passage du trope à l'occasion ». Du moins est-ce le cas pour celui qui est capable « ou bien [d]'accepter, par sagesse, le laps incompressible de l'évolution et du mûrissement ; ou bien [de] s'adapter aux circonstances et aux bizarreries imprévisibles de la conjoncture ». Non pas maître des horloges, puisque personne ne peut l'être et que le temps a en propre de n'appartenir à personne et de ne jamais pouvoir être arrêté ni contrôlé, l'homme qui vit selon la saison possède à la fois le génie de la temporisation (il sait patiemment attendre son heure ou en différer l'exploitation) et l'intelligence de l'improvisation (il sait faire avec les moyens du bord, de sorte à convertir le peu dont il dispose en tout ce qu'il lui faut pour se montrer efficace). Agir de façon opportune (et non opportuniste, même si un attaquant doit aussi savoir l'être, voire se montrer égoïste), c'est toujours inscrire une volonté dans un temps qui ne nous attend pas pour passer et qu'il faut savoir anticiper ou simplement épouser. Pour le buteur comme pour l'amoureux à la saison des émois, il est parfois urgent d'attendre. Cela exige à la fois lenteur et vitesse, langueur et promptitude, patience et célérité. En tant qu'« ingénieur des occasions », l'homme de la Saison « oblige ingénieusement le *kaïros* à travailler pour lui ». Mieux que quiconque, il comprend et vit le jeu comme « un abrégé destinal, où toutes les situations sont instantanées, toutes les constellations changeantes, toutes les figures contingentes, fluentes et provisoires, le succès dépendant pour moitié des circonstances et pour moitié de la sagacité du joueur ».

Sur fond de ces remarques puisées aux meilleures sources du concept et de l'observation des hommes d'action, on pourrait brosser le portrait-robot du joueur de football, quels que soient son poste et son rôle sur le terrain. Pour le dessiner, les maximes de *L'Homme de cour*, tel que le dépeint Baltasar Gracian, constituent une ressource aussi inépuisable qu'inattendue. Elles offrent et déploient tout le spectre chromatique des nuances du vivre et de l'agir, sur ce terrain mouvant qu'est le monde pour l'homme. Les traits du « *base football player* », sur la tombe duquel se croyait habilité à cracher le grand William Shakespeare, se confondent avec ceux de l'homme de jeu, de saison, d'occasion et d'action qu'est le footballeur. Quels sont donc ses atouts et attraits, ses qualités et ses pouvoirs ?

Loin d'être le décérébré que l'on croit pouvoir dépeindre, courant piteusement après une balle qui ne dit rien aux hommes rétifs à ses appels à la beauté tournoyante et à sa lueur concentrique, le footballeur doit posséder de multiples qualités et vertus. Dit avec les mots de Gracian, il lui faut savoir être « habile », associer « l'esprit et le génie », « se rendre toujours nécessaire », être « au comble de sa perfection », « ne pas se passionner », « démentir les passions de sa nation », concilier « la nature et l'art », « procéder quelquefois finement, quelquefois rondement », « se servir d'esprits auxiliaires », « ne pas toujours tenir un même procédé », allier « l'application et le génie », « trouver le faible de chacun », se comporter en « homme droit », « savoir se soustraire », « connaître son fort », « connaître l'essence et la saison des choses », prendre l'« ascendant », « user de réflexion sans en abuser », se montrer « judicieux » et « pénétrant », « ne jamais perdre le respect de soi-même », être « homme de bon choix », « ne s'emporter jamais », être « l'homme qui sait attendre », « trouver de bons expédients », « préférer les emplois plausibles », « n'être point inégal et irrégulier dans son procédé », « avoir de

la résolution », « trouver ses défaites », « n'être point
inaccessible », « se proposer quelque héros, non pas
tant à imiter qu'à surpasser », « n'être pas toujours
sur le plaisant », « s'accommoder à toutes sortes
de gens », « être soigneux de s'informer », faire
de « petites fautes à dessein », « savoir tirer profit
de ses ennemis », « s'étudier à avoir les manières
sublimes », montrer une « capacité inépuisable »,
« savoir entretenir l'attente d'autrui », « dissimuler »,
« s'accommoder au temps », « ne point faire une
affaire de ce qui n'en est point une », « se faire
regretter », avoir le sens du « Je-ne-sais-quoi » et
en toutes choses le « haut courage », « ne jamais se
plaindre », conserver en tout « le procédé de galant
homme », savoir « s'aviser et se raviser », avoir « l'art
de laisser aller les choses comme elles peuvent,
surtout quand la mer est orageuse », « connaître les
jours malheureux », « ne jamais prendre le mauvais
parti, en dépit de son adversaire, qui a pris le
meilleur », « regarder au-dedans », « tirer quelques
coups en l'air », « faire bonne guerre », « se savoir
aider », manifester « plus d'attention à ne pas faillir
un coup, qu'à en tirer bien cent », « ne pas abuser
de la faveur », « ne point s'engager avec qui n'a rien
à perdre », « ne se régler jamais sur ce que l'ennemi avait dessein de faire », se rappeler qu'« un
grain de hardiesse tient lieu d'une grande habileté », « ne point s'entêter », « discerner les défauts,
quoiqu'ils soient devenus à la mode », « connaître
son étoile », « savoir se transplanter », « savoir se
mettre sur le pied d'homme sage, et non d'homme

intrigant », considérer que « ce qui est facile se doit entreprendre comme s'il était difficile ; et ce qui est difficile, comme s'il était facile », « savoir jouer de la vérité », pouvoir « d'une folie n'en pas faire deux », « avoir l'œil sur celui qui joue de seconde intention », « ne rien faire par caprice mais tout par circonspection », « se couvrir de la peau du renard, quand on ne peut se servir de celle du lion », « n'être point trop prompt à s'engager, ni à engager autrui », « connaître son défaut dominant », « ouvrir les yeux quand il est temps », « ne laisser jamais voir les choses, avant qu'elles ne soient achevées », « savoir demander », « souffrir la raillerie, mais ne point railler », « poursuivre sa pointe », avoir à l'esprit qu'« il faut se servir des moyens humains, comme s'il n'y en avait pas de divins, et des divins, comme s'il n'y en avait point d'humains », ne laisser « ni tout à soi, ni tout à autrui », « ne se rendre pas trop intelligible », « se tenir toujours préparés contre les attaques des rustiques, des opiniâtres, des présomptueux, et de tous les autres impertinents », « chercher quelqu'un qui aide à porter le faix de l'adversité », « ne point continuer une sottise », « savoir oublier », « n'avoir point de jour négligé », « se prévaloir de sa nouveauté », « savoir renouveler son génie par la nature et par l'art », être toujours l'« homme de bonne invention », « vivre selon l'occasion », « savoir faire une tentative », et, autant que possible, « être au-dessus et non au-dessous de son emploi ».

Bref, par tous les temps de l'existence et en chacun des points de l'espace ludique, quelle que soit la faveur ou l'adversité de la situation de jeu, qui que l'on place en face de lui comme partenaire ou comme adversaire, dans quelque humeur joyeuse ou chagrine qu'il se trouve plongé, dans la réussite comme dans l'échec, par générosité plutôt que par dépit, avec ceux qu'il aime comme avec ceux qui lui répugnent, l'homme de jeu et de balle que nous louons ne cesse jamais d'être confronté au paradoxe de la morale : s'il lui faut agir pour vaincre et que chaque résultat lui sera compté, c'est par la manière qu'il a de l'emporter ou d'être défait, en saisissant au vol l'occasion, qu'on saura estimer sa juste valeur.

11.
Éloquence de la tribune

Petit gamin d'Alger dénué de capital culturel, avant de devenir un géant de la littérature mondiale, Albert Camus aimait à rappeler une chose. Une de ces choses qu'au pays de Descartes et de Proust on n'aurait pas cru entendre un jour sortir de la bouche d'un homme de lettres et de théâtre, doublé, qui plus est, d'un philosophe de l'absurde : «Tout ce que je sais de plus sûr de la moralité et des obligations des hommes, c'est au football que je le dois.» À quoi il ajoutait, sans sourciller : « Il n'y a pas d'endroit dans le monde où l'homme est plus heureux que dans un stade de football.» Le jeune Albert grandit sans père. Dans *Le Premier Homme*, il raconte la hantise et le manque de cette figure. Il loue aussi la présence d'une mère pauvre et analphabète qu'il aimait profondément.

Ainsi, le jeune Albert n'a-t-il pas connu cette expérience fondatrice et bouleversante, qui consiste pour un jeune footballeur à recevoir en héritage l'amour du ballon rond. Jamais il n'eut la chance de franchir la grille d'entrée d'un stade pour assister à une rencontre entre des équipes professionnelles, en calant sa main frêle de futur auteur dans celle d'un père amateur de beau jeu.

Si le mot « tradition » a un sens et une valeur, ils sont tout entiers présents dans l'étymologie d'un terme (*traditio*), qui désigne d'abord ce qui passe de main en main, littéralement entre les doigts. Le football se joue avec le pied et se transmet avec le cœur. Comme un présent rare et précieux qu'on offre d'abord manuellement et affectivement. Orphelin de père, le petit Camus ne passa pas à côté du football. Comme tant d'autres, il le découvrit à la communale, comme on appelait en son temps l'école primaire, puis dans les rues et sur les terrains vagues de son quartier. Que comprit-il alors de si profond et de si personnel sur la réalité humaine, qui ne se contemple que depuis ce poste-là, au sens pascalien mais aussi footballistique ? Que découvre-t-on, en général, quand on prend place dans les gradins d'une tribune ou qu'on s'approche de la pelouse d'un stade de football ? Y a-t-il quelque chose qui se trouve déposé là et qu'on ne trouve nulle part ailleurs dans le monde des hommes ? Qu'est-ce qui vibre et se joue en ce lieu sans équivalent dans le reste de l'univers ?

Pour le comprendre et entrer dans le mystère de cette présence vivante, il suffit de lire la tristesse et la honte sur le visage de ceux que, en raison de leur stupidité et leur dangerosité, on a éloignés des terrains, pour un temps ou pour toujours, de les imaginer contraints de pointer piteusement dans un commissariat local à l'heure du match, la mine défaite. À une autre échelle, et bien au-delà de la simple sanction financière, l'obligation faite à un club de jouer à huis clos, après les débordements que ses supporters ont occasionnés, est vécue comme une punition lourde de conséquences. Une telle privation est une vraie douleur. Elle l'est pour le public, qui regardera le match à la maison. Mais elle l'est aussi et d'abord pour les joueurs, qui doivent affronter leurs adversaires du jour sans le soutien de ceux qui les supportent habituellement, quand leur club reçoit « à domicile ».

C'est qu'il y a stade et Stade, comme le suggère avec finesse le philosophe Jean-François Pradeau, spécialiste de Platon et de la pensée antique. Il offre un bel exemple de la possibilité, vécue en première personne et joyeusement assumée, de cumuler l'amour de l'Idée et la passion du foot. Car trop rares sont les intellectuels hexagonaux qui osent afficher ainsi leur goût pour le football. Leurs confrères étrangers, issus de maintes autres nations, latines comme britanniques, scandinaves ou saxonnes, revendiquent haut et fort tout ce qu'ils doivent à un sport qui se vit comme une aventure et une communion. Tous savent de quelle distinction Pradeau parle avec ardeur et finesse, quand il distingue le stade du Stade.

Le stade, sous sa forme ordinaire et concrète, c'est le lieu où s'apprend et se pratique le football, dès l'enfance et l'adolescence. On y intègre les rudiments techniques et tactiques d'une activité qui se double, avec le passage des ans et la croissance des os et des muscles, d'un défi physique. Telle une poupée russe, c'est un lieu qui en comporte plusieurs, avec chacun son degré de poésie, de mystère et de charme. L'enfant les traverse comme les salles magiques d'un palais aux curiosités. Il y a l'entrée, le parvis parfois, le porche ou le portail de plus en plus rarement hélas, le vestiaire, les différents terrains, dont l'un porte encore parfois le titre magique de « terrain d'honneur » (autour duquel on fait un « tour d'honneur », quand on est victorieux), avec sa piste d'athlétisme tout autour, ses bancs de touche et sa buvette. Dans l'entrelacs de ces espaces enchevêtrés, se nouent les rêves et se cuisent les déceptions. Devenu ramasseur de balles, la jeune pousse y fera le lit de ses espérances de supporter.

Aujourd'hui présent et accessible sur tous les écrans du globe comme un phénomène transparent, le football a sculpté là, plus que n'importe où ailleurs, sa légende devenue épopée universelle. Elle est faite de la fréquentation collective du stade, dès le plus jeune âge, une puis plusieurs fois par semaine, et de l'intimité du sentiment de chaque petit protagoniste qui se construit année après année. Pas plus qu'on ne peut faire l'économie de la salle de classe pour s'instruire par la fréquentation et l'écoute des maîtres, rien ne remplace l'expérience unique du stade. Il est ce lieu des mystères par excellence, où le fou de foot se fabrique. C'est là qu'on devient fan des géants. Ceux dont on collait naguère les vignettes dans des albums chéris. Ils sont désormais présents partout comme le support privilégié d'un matraquage publicitaire qui déborde largement les seules limites des stades.

Tiré d'un mot grec, *stadion*, qui désigne une mesure d'environ 180 mètres, le stade correspondit d'abord à la distance d'une course de chars hellènes. Puis il devint ce lieu clos, cette enceinte dans lesquels se déroulent les grandes joutes sportives. On sait le génie des Romains en la matière. Mieux que quiconque, ils surent en faire le site d'une respiration à la fois démagogique et démocratique, depuis le cœur de leurs cités vouées à tous les triomphes. Plus que le Colisée romain, dont on a oublié qu'il doit son nom, dans la ville éternelle, à un colosse aujourd'hui disparu qui regardait de haut les arènes qu'il jouxtait, c'est la scène de la tragédie grecque que, selon le même Pradeau, il faut avoir à l'esprit pour comprendre de quoi il retourne ici. C'est là que surgissaient les figures divines venant à la rencontre des hommes pour leur dire leurs quatre vérités. Mais ce n'est pas le seul endroit qui se rattache à nos enceintes contemporaines. Le Stade en tant que lieu mystérieux vient au moins autant du théâtre que de la religion des contemporains de Sophocle et de Platon.

Pour se le représenter, il convient de replonger dans la pénombre des grottes anciennes. Celles où les Grecs de l'Antiquité célébraient les mystères de leur religion. Ceux de Déméter et de Dionysos étaient révélés par des mystagogues. Ils avaient été précédés dans la fonction et la croyance par les cultes orientaux d'Éleusis, d'Isis, de Cybèle et de Mithra, tous fils de l'ombre et des profondeurs. Ils étaient déjà inspirés par des choses sacrées et transcendantes, à la limite de l'intransmissible et de l'ineffable. Tel est le Stade comme épicentre du *mysterium*, sous ses traits inchangés et qu'aucune lumière ne peut rendre transparent à lui-même. C'est un lieu sans lieu, un point du monde qui expose à ce qui dépasse la perspective qu'on peut avoir sur lui, un espace dans lequel s'ouvre le champ de possibles qui ne dépendent pas ou plus de la seule activité de la raison. Là, « Je » ne devient pas seulement un Autre. Il devient *tous* les autres et *fait monde*. Il sort de lui-même. Il entre en extase et va au-delà de ce qu'il sait, de ce qu'il fait, de ce qu'il vit au jour le jour, quand il est pris dans les rets de son quotidien. Les soirs de match, le Stade fait entrer les hommes dans un état de fusion, admirablement décrit par Jean-François Pradeau. C'est un état dans lequel tout s'entremêle et se croise : les corps, les âmes, les mots, les visions, les voix, les regards, les visages, les statuts sociaux, les sexes et les âges. Soit tout ce qui fait d'un homme ce « génie de l'équivoque » cher à Merleau-Ponty, entre nature et culture, à la fois « chair et langage », pour reprendre la belle expression forgée par la brillante exégète du précédent qu'est la philosophe Françoise Dastur.

Plus que la pelouse, qui en est pourtant le centre et le terrain au sens propre, c'est dans et par la tribune que le stade se révèle Stade. Après avoir été ce lieu élevé depuis lequel les orateurs haranguaient la foule, puis avoir fourni aux basiliques romaines leur hémicycle et aux églises médiévales cette partie du jubé du haut de laquelle on lisait l'Évangile et on édifiait les fidèles, la tribune est la construction pourvue de gradins qui permet aux spectateurs d'assister à une cérémonie officielle ou à une épreuve sportive. À en croire le poète et cinéaste Pier-Paolo Pasolini (1922-1975), qui ne rechignait jamais à enfiler maillot et crampons du côté de sa Bologne d'adoption, le football est bien « le seul rite moderne » qu'il nous reste. Or, s'il a un cadre, c'est celui du Stade, avec sa ou plutôt *ses* tribunes. Ici, le pluriel se justifie, même si certains stades modestes n'en comportent qu'une seule. C'est un espace à la fois polycentré et polyvalent.

Là non plus, il ne faut pas confondre tribune et Tribune. La première se réduit à un bâtiment fonctionnel, qui s'insère dans le tissu urbain. La seconde est le sanctuaire d'un mystère, qui échappe à toute localisation spatiale. La Tribune n'est pas posée ici ou là. Elle n'est pas une chose du monde, situable quelque part entre le bureau de poste, la mairie et le guichet bancaire. Elle vit et elle vibre. C'est un être vivant qui tantôt s'endort et tantôt

se réveille. Elle se déplace et bouillonne au gré des
événements qui s'y produisent. En tant qu'édifice
posé quelque part dans la ville, elle fut longtemps
un lieu sans hiérarchie sociale, ni confort d'aucune
sorte. Comme dans les thermes de Caracalla, sur
le forum romain ou, quelques siècles plus tôt, sur
l'agora des cités grecques, on pouvait y croiser et
y échanger librement avec le premier venu sans
manière, ni complexe. Les choses ont bien changé,
et pas vraiment dans le sens d'un progrès.

On a désormais affaire à un espace hyper-
structuré et foncièrement inégalitaire, dans lequel
les plus riches sont au bord de la pelouse, quand
les moins nantis se trouvent relégués au sommet
d'enceintes qui ont parfois des proportions gigantesques, comme le *Camp Nou* barcelonais. Tout le
monde y est assis, depuis les grandes tragédies des
années 1980-1990, même si l'Allemagne, l'Autriche
et l'Écosse réintroduisent peu à peu le droit de s'y
tenir debout. Les parties vouées à la presse et, de
plus en plus, les loges chèrement louées par les
grandes marques et par les entreprises les plus en
vue, constituent le point d'observation privilégié
d'un espace dans lequel chaque millimètre carré
est placé sous la surveillance continue de centaines
de caméras. Elles offrent aux spectateurs un
instant de gloire télévisuelle. La Tribune fait partie
du spectacle et, comme au théâtre, elle reflète un
certain état de la société, du moins en principe et
en apparence.

Pas plus que le Stade, la Tribune n'est une enceinte figée et placée là dans l'univers, depuis laquelle il s'agirait simplement de voir quelque chose qui se passe sous nos yeux. C'est une communauté vivante par laquelle chacun(e) accède à quelque chose qui le dépasse. On y entre comme nulle part ailleurs en contact avec le premier venu. On y devient cet autre qu'on ne peut être tout le temps. Pour le meilleur et pour le pire.

Le meilleur, c'est, comme le rappelle malicieusement l'architecte Rudy Ricciotti, d'avoir la joie d'y faire sans vergogne ce qui serait inconcevable à l'opéra ou au concert. Après un but, on se surprend soi-même à empoigner vigoureusement son voisin, à le serrer contre soi sans ménagement et à lui secouer lourdement la tignasse, sans même le connaître, ni lui avoir jamais parlé jusqu'à l'instant précédent. Et puis, d'un coup, on sent son cœur battre la chamade contre le sien ! Il n'y a qu'au football qu'on vit ces moments de dinguerie. Et ce n'est pas là le moindre de ses mystères, quand on sait à quel point la tension et l'agressivité règnent dans ce sport comme sur aucune autre manifestation sportive.

Cette communion déborde parfois de la Tribune jusqu'au terrain. Elle permet la rencontre des étoiles et de leurs contemplateurs. Comme un certain 3 mars 1994, quand le talentueux Valdo, alors meneur de jeu d'un Paris-Saint-Germain de feu et de rêve, n'oubliait pas, après son troisième but, synonyme de libération pour près de cinquante mille personnes en transe totale, de venir battre dans des mains de supporters, dont celles qui ont écrit ces lignes, ouvertes comme des cœurs d'homme. Cette fusion et cette communion mystérieuses, ce sont aussi, sans ordre, ni hiérarchie, la grosse caisse de Manolo venu soutenir les Bleus en Espagne, en 1982, et partout dans le monde, par la suite ; les *vuvuzelas*, parfois difficiles à supporter, des Sud-Africains, au premier mondial de football organisé sur le continent africain, en 2010, et brillamment remporté par les Espagnols contre des Bataves scintillants, mais une fois de plus malchanceux en finale ; le fameux mur jaune et noir de la *Südtribune* du *BVB Stadion Dortmund*, le fameux *Signal Iduna Park* ; les chants d'amour qui retentissent et s'élèvent comme la voix d'un seul homme, du côté d'*Anfield Road* à Liverpool ; le stade stéphanois de Geoffroy-Guichard, dont l'entrée en fusion totale certains soirs de gala rappelle que l'occasion fait le chaudron – et on pourrait ainsi multiplier les exemples.

La Tribune, ce sont ces foules immenses sur lesquelles, à tel moment du match, se pose soudainement le silence, comme un oiseau de mémoire. Il permet de célébrer à la minute adéquate le numéro d'un joueur aimé, présent, transféré ou disparu, ou encore le souvenir d'une catastrophe qui a décimé une équipe locale et nationale, comme à Superga, en Italie, sur les collines turinoises, le 4 mai 1949. Ce sont encore les dizaines de milliers de mains qui battent à l'unisson dans les stades anglais pour une touche gagnée ou le crochet ravageur d'un ailier, la samba qu'on voit essaimer dans le stade Maracaña de Rio de Janeiro, la *ola* désormais universelle – sans oublier les équipes qui montent les marches après la finale gagnée ou perdue pour chercher leur trophée ou pour récupérer, tête baissée et cœur énorme, une médaille de figurant. Elle laissera un souvenir bien amer aux protagonistes venus taquiner les étoiles. Ceux-là peinent à se relever de la pelouse, une fois le match terminé. La mode en est d'ailleurs passée, puisque désormais, télégénie oblige, on remet les coupes sur la pelouse, en limitant le nombre d'officiels présents sur la photographie finale. Ce faisant, on perd quelque chose d'essentiel quant au lien entre les joueurs et cette Tribune qui leur délivrait un trophée, comme la baleine biblique recrachait Jonas. On peut toutefois se réjouir que les tribunes portent de plus en plus le nom d'acteurs célèbres de l'histoire du sport et du football, plutôt que les tristes et impersonnels titres de tribune « présidentielle » ou « officielle », qui laissent un goût de déclassement à tous ceux qui n'ont pas l'heur d'y siéger.

Mais une tribune de football au sens le plus commun, quand la magie est inopérante, ce n'est hélas pas que cela. On ne le sait que trop. On le déplore d'autant plus et on l'ignore sans doute d'autant moins, quand on sait ce qu'une tribune peut offrir de joies uniques en leur genre et qu'on constate amèrement ce qu'elle peut devenir. En quelques minutes parfois, la folie de certains hommes conduit tous les autres à désespérer d'un sport qui vaut tellement mieux. À l'instar de toutes les grandes catastrophes humaines, on finit par ne retenir de celles qui sont survenues dans des stades, que le nom de l'enceinte dans laquelle elles se sont produites. Elles dressent une liste noire des lieux où le football a remplacé les chants de vie et les larmes de joie par des cris de mort et des gouttes de sang. Comme au tristement célèbre stade du Heyseyl, à Bruxelles, le 29 mai 1985, un soir funeste de finale de la plus grande des coupes européennes, réunissant sur la même pelouse deux des plus grands clubs de tous les temps, la Juventus de Turin et le FC Liverpool. Trente-neuf personnes y ont perdu la vie et plus de quatre cent cinquante y furent blessées, à la suite d'une charge des supporters anglais. De même, à Furiani, en Corse, le 5 mai 1992, lors d'une demi-finale de Coupe de France opposant le SC Bastia à l'Olympique de Marseille, au cours de laquelle dix-huit personnes ont péri et plus de deux mille autres ont été blessées dans l'effondrement d'une tribune, dont le grand journaliste de France-Inter Jacques Vendroux, sévèrement touché aux poumons, à la vessie et aux vertèbres, au milieu d'une foule d'amateurs anonymes aussi sidérés que les joueurs partis s'échauffer sur la pelouse ce soir-là. Ou encore, plus loin de nous, du côté d'Ibrox Park à Glasgow, le 5 avril 1902, lors d'une rencontre internationale entre l'Écosse et l'Angleterre, au cours de laquelle vingt-cinq personnes ont été tuées et plus de cinq cents furent blessées, dans les mêmes conditions que lors du désastre survenu sur l'Île de Beauté. Sans oublier le drame de Sheffield, au stade de Hillsborough, dans lequel ont disparu quatre-vingt-seize supporters, dans le nord-ouest de l'Angleterre, le 15 avril 1989, lors d'un match opposant le FC Liverpool à Nottingham Forest. Et que dire des quelque deux mille personnes mortes, au Brésil, dans des affrontements urbains, après la défaite de la sélection *auriverde* contre la *dream team* emmenée par le carré magique français, le 21 juin 1986, ou de la guerre déclenchée, le 28 juin 1969, par le match Salvador-Honduras, remporté sur le score de 3 à 2 par les Salvadoriens ? Le délire mortifère qui naît au Stade dévaste la Tribune et se répand parfois bien au-delà de son enceinte.

Les tribunes sont aussi, hélas, le lieu où se retrouvent certains groupes violents venus en découdre sous des flots alcoolisés. Pour eux, le football n'est que le prétexte et l'exutoire de violences subies ailleurs. Elles sont tragiquement reproduites en des lieux qui devraient précisément en être préservés. Ceux-là deviennent pourtant, à intervalles réguliers, le théâtre d'affrontements d'une violence inouïe entre bandes consanguines et groupes rivaux. L'ironie de cette histoire veut que parfois, de plus en plus souvent même, tous « soutiennent » la même équipe. Il y a belle lurette que le hooliganisme, né dans la société anglaise des années 1960 et 1970, gangrenée par le chômage et le rejet des autres qui naît chez ceux qu'on déclasse brutalement, n'est plus un mal purement et étroitement anglais. Il a métastasé partout où l'on croit à nouveau intelligent de lever le bras en signe de haine de l'Autre ou de jeter des restes de banane à des joueurs venus d'Afrique, comme au *Stadio olimpico* de Rome et dans nombre de stades du Nord de l'Italie, mais aussi en Allemagne (cauchemar suprême au regard de son histoire !), en Espagne et jusqu'en Turquie ou en Argentine.

Le racisme le plus ordinaire, l'homophobie la plus décomplexée et toutes les formes de discrimination trouvent là une chambre de résonance d'une singulière efficacité, même si la plupart du temps on les évoque pour les condamner très fermement. Malgré les reprises en main par les autorités des différents pays concernés et en dépit des mesures parfois d'une extrême sévérité (radiation à vie, interdiction de stade, convocation au commissariat les jours de match, fichage systématique, etc.) qui sont prises aux niveau politique judiciaire, les stades de football et leurs tribunes demeurent exposés à des actes inqualifiables. Il paraît impossible de les en expurger totalement, sauf à donner dans un angélisme improductif ou à augmenter indéfiniment le prix des billets, sans rien résoudre du problème et au risque d'exclure ceux qui aiment et respectent sincèrement le football, mais qui ont des revenus modestes. On en voit les effets contrastés dans les stades anglais et dans de plus en plus de capitales européennes, où la lutte des classes se compte en gradins et en rangées de sièges.

Rien ne nous impose d'accepter sans réagir les insultes qui fusent de toutes parts en tribune, ni de les trouver naturelles et bénignes, encore moins de les entendre retentir pour un rien et à tout bout de champ, à propos de l'arbitre, des joueurs de l'équipe qu'on ne supporte pas ou de n'importe qui, au seul prétexte qu'on ne partage pas tous les mêmes attachements. Inutile ici de rappeler les insultes les plus communes que chacun subit chaque fois qu'un gardien de but dégage le ballon ou qu'un arbitre siffle une faute qu'on juge imaginaire. Rien ne nous contraint à admettre, comme on le laisse croire ici ou là, qu'elles n'auraient pas le même sens dans une enceinte sportive que dans le reste de la vie sociale. Une insulte est partout une insulte, singulièrement quand on y expose les oreilles des plus jeunes. Mieux vaut simplement rappeler que le Stade, à force de s'en accommoder et de les banaliser, a perdu une partie de son âme. Personne n'est condamné à consentir à certains le droit de faire ce qui nuit à tous, quand d'aucuns, qui plus est en masse, perdent le sens de la civilité la plus élémentaire.

Au moment d'apercevoir par la lucarne magique de la tribune dans laquelle il s'apprête à prendre place le rectangle vert qui va servir de piste d'envol vers le ciel des Beaux Gestes, le spectateur se métamorphose et son regard se brouille. Soit. Pour lui, le stade devient Stade à ses yeux émerveillés. Il s'ouvre à des extases sonores et à des transes émotionnelles dont il n'a pas le loisir ailleurs. Soit. Il peut chanter faux et à tue-tête, et même hurler autant qu'il le veut. Une certaine forme de mauvaise foi et de condescendance lui est volontiers consentie, voire demandée, par ses coreligionnaires. Soit. Mais devient-il pour autant un atome de pure indépendance, privé de toute forme de responsabilité dans son rapport avec les autres individus, ceux qui partagent ses attentes ou ceux qui sont placés de l'autre côté de celles-ci ? Au *Prater* de Vienne, à l'*Allianz Arena* de Munich, dans l'antre d'Highbury, sur les gradins du stade Alberto-Armando à Buenos Aires, dans les tribunes du stade *Maksimir* à Zagreb ou dans la *fossa dei leoni* de San Siro, à Milan, le football demeure ce sport qui donne des émotions uniques en leur genre. Mais elles doivent être préservées et encouragées dans ce qu'elles ont de plus beau et de plus simple. C'est une question de philosophie et, osons les mots, d'éthique et de politique, c'est-à-dire d'art de se comporter en société et de vivre ensemble.

Comme de l'aventure selon Vladimir Jankélévitch, on peut espérer de la tribune de football qu'elle rende les « barrières sociales » joyeusement «fluentes» et qu'elle « égalise l'inférieur et le supérieur, rapproche les inégaux, supprime les distances, bouscule les hiérarchies, assoupli[sse] une justice trop rigide ». Car on ne naît pas spectateur, on le devient. À tout âge, on l'est sous le regard des autres et en prenant exemple, surtout lorsqu'on est jeune, sur ce qu'ils s'autorisent ou au contraire s'interdisent. Les exemples de comportement urbain et civilisé ne manquent pas à qui veut les privilégier et s'en emparer. On peut consommer de la nourriture dans une tribune et partir en la laissant propre, comme le font les supporters japonais, qui ne sont pas de serviles automates. Il est également possible de manifester son désaccord avec élégance, comme les *socios* du stade *Santiago Bernabeu*, à Madrid, qui sortent leurs mouchoirs blancs, quand leur équipe les déçoit et les irrite. Les mêmes n'hésitent pas à se lever pour saluer le brio de l'adversaire, comme ce soir de la saison 2004-2005, où l'insaisissable Ronaldinho a littéralement écœuré les fameux « Galactiques », en surclassant jusqu'à Zinedine Zidane en personne, de l'aveu de l'intéressé. Ce sont des «Viva ! » et des applaudissements, et non pas des insultes, des projectiles ou des quolibets institutionnalisés, qu'a reçus ce soir-là le champion du monde et d'Espagne brésilien, au dribble unique en son genre et au goût plus que prononcé pour les fêtes nocturnes.

Comme l'explique le philosophe Christian Ruby, le statut de spectateur a à voir avec les vertus émancipatrices et contemplatives de l'art. Elles se sont construites aux premiers temps de l'esthétique contemporaine, à la fin du XVIIIe siècle. Depuis lors, le regard que porte le spectateur sur une œuvre d'art est le produit d'un certain environnement culturel. Il permet l'expression d'un droit égal de tous à ressentir des émotions individuelles et à chacun de les exprimer sous forme de jugements et d'opinions qui lui sont propres. Cette activité prend une allure particulière, lorsqu'il s'agit du spectacle sportif et singulièrement du football. Ce sport est, à n'en pas douter, le plus démonstratif et le plus participatif de tous en la matière, aussi bien sur le terrain qu'en tribune. Le spectateur ne se contente pas, comme au musée, au cinéma ou au concert musical, d'y recevoir des informations, d'assister passivement à un spectacle ou à une prestation, dont il partagera ensuite ce qu'il en a retenu avec ses proches. Sans avoir besoin d'être sollicité, et quel que soit par ailleurs son genre de vie dans la cité, il se laisse aller au Stade comme il ne le fait sans doute nulle part. Quitte à perdre parfois non seulement le fil du jeu, mais le sens des réalités et de la bienséance. Sauf que, ce faisant, il produit le Stade autant qu'il y est présent. C'est pourquoi il lui faut, si ému et déçu – ou au contraire joyeux et satisfait – qu'il puisse être, ne jamais perdre de vue que tout ce qu'il fait individuellement a une dimension d'exemplarité pour l'ensemble de celles et de ceux qui l'accompagnent dans ses plaisirs comme dans ses déboires.

Face à celui qu'il définit arbitrairement, pendant le temps d'un match ou d'une compétition, comme un rival ou un adversaire, qu'il soit joueur, spectateur ou supporter (car on peut choisir d'être l'un sans l'autre, par choix ou par dépit), on aimerait qu'il n'oublie jamais une chose fondamentale. Elle est brillamment résumée en une sentence finale par Jean-Paul Sartre dans *Les Mots*. Dans son autobiographie, le chantre de l'existentialisme germano-pratin ne dit rien de sa tendance, révélée par Camus,

à regarder honteusement, en bon intellectuel bour-
geois qu'il avait pleinement conscience d'être, les
matchs de football en cachette. On peut, toutefois,
au moins, lui reconnaître le mérite d'intégrer tout
individu à la définition qu'il donne de lui-même :
«Tout un homme, fait de tous les hommes et qui
les vaut tous et que vaut n'importe qui. »

Ainsi, le Stade, quand il est partagé avec joie
et respect, entre passion et communion, est-il et
demeure-t-il pleinement le Stade – ce terrain des
rêves entouré d'une Tribune qui est comme l'océan
primitif lui donnant vie et âme, valeur et sens.

ÉPILOGUE

Quatre-vingt-quinze pour cent

C'était un dimanche ensoleillé de septembre. J'avais six ans tout ronds. J'allai avec mon père signer ma première licence chez Ahcène. À l'époque, on entrait dans le football par l'arrière-salle du café des sports, en face du stade Jean-Bouin, au fond du quartier des Gondoles, à Choisy-le-Roi.

Intrigué par les photos jaunies des équipes accrochées derrière le bar, je reçus ce jour-là, émerveillé, mon tout premier équipement pour les matchs du samedi. Fourni par le club, l'ensemble ne payait pas de mine. Il se composait d'une paire de chaussettes noires coiffées de deux étroites bandes blanches et d'un short assorti. Sur le coin de la jambe gauche, il y avait un triangle blanc. Il enfermait entre ses trois minces lignes encore nettement dessinées un petit coq fier comme je l'étais ce matin-là. À peine rentré chez moi, j'examinai minutieusement le tout. Puis, je le glissai au fond de ce qui deviendrait, pour de longues années, ce capharnaüm qui, peu à peu, se structure de façon toujours plus maniaque, et qu'on appelle un sac de foot. J'y déposai religieusement les chaussures à crampons et les protège-tibias qu'on venait de m'offrir. Ils ne resteraient pas longtemps neufs.

Le samedi qui suivit, j'enfilai le maillot de l'équipe communale pour mon premier match officiel avec « Choisy », comme on abrégeait alors le nom de Choisy-le-Roi. Le club affichait les couleurs de la sélection argentine, la mythique *Céleste*. Blanc et bleu ciel. Avec de larges bandes verticales, comme les équipes des premiers temps du football. J'en admirais les exploits dans un livre abondamment illustré sur la Coupe du monde 1978 que j'avais reçu en cadeau à Noël. Chaque image m'était familière, avant même de savoir lire : la main coupable du grand Marius Trésor, la course folle de Roberto Bettega, les bras levés de Mario Kempes, les yeux hagards des Bataves défaits pour la seconde fois de suite en finale, le sourire radieux de Passarella, « *el pistolero* », au moment de soulever le trophée tant convoité. Et jusqu'aux confettis recouvrant la pelouse du stade de Buenos Aires, ce soir-là. J'ignorais encore tout des pressions sourdes de la dictature militaire, dont mon livre ne montrait rien. « L'Argentine », tel serait le titre pompeux que les équipes adverses, craintives et envieuses, nous attribueraient. Le onze argentin, ce précipité de caractériels géniaux concentrant toutes les névroses exportées du Vieux continent, eut la bonne idée de gagner à nouveau le titre mondial, huit ans plus tard, sous le soleil mexicain. De ce côté de l'Atlantique, nous en ferions des tonnes pendant des lustres.

Le souvenir de cette première partie officielle est encore tout à fait net dans mon esprit. Comme une ligne de but fraîchement tracée. C'est alors que j'entendis l'entraîneur prononcer des mots qui ont encore aujourd'hui pour moi le goût d'une madeleine proustienne de terrain plus ou moins vague. Ils me reviennent en mémoire chaque fois que j'entends un arbitre siffler le début d'une rencontre. Une poignée de secondes avant que le ballon ne vienne frotter le cuir de ma chaussure immaculée d'avant-centre et qu'il ne pénètre dans l'autre moitié du rond central (on l'imposait alors), son ultime consigne claqua comme un coup de fouet sur nos nuques avides et graciles. Elle s'imprima pour toujours sur mes tympans d'enfant : « Oh ! les gars, le foot, c'est quatre-vingt-quinze pour cent dans la tête et cinq pour cent dans les pieds ! »

Venant de celui dont nous guettions chaque signe comme un oracle ou un oukase, selon l'humeur et la prestation du moment, ces mots nous galvanisèrent. Ils nous stupéfièrent aussi, parce que nous ne les comprenions pas. Que voulait-il nous dire, cet homme que je percevais comme dur et distant, qui se distinguait avant tout, à mes yeux, par son âpreté dans ses rapports avec « ses » joueurs ? Que cherchait-il à nous transmettre d'essentiel et que nous étions censés déjà connaître au seuil de nos humbles carrières ? Y avait-il seulement quelque chose à comprendre dans cette affirmation qui n'appelait aucune justification de sa part ? Comment l'avaient reçue ceux qui nous avaient précédés sur le même champ de bataille caillouteux et dans le même vestiaire moite et mal éclairé, où se mêlaient les odeurs de terre, de sueur, de rêve, d'effroi et de craie ? Sa compréhension dépendait-elle d'un savoir qu'il nous aurait fallu détenir ?

J'avoue que je n'y entendais pas grand-chose pour l'heure. Je me contentai cet après-midi-là de jouer. J'étais trop absorbé par la tâche écrasante et grisante à la fois de servir mon équipe, pour penser à ce que j'éprouvais confusément à l'intérieur de moi-même. Par cette sentence sibylline jetée dans la poussière et dans le vent, je me trouvai pourtant, sans le mesurer consciemment, exposé pour la première fois à la folie et à l'intelligence d'un sport qui concentre tous les désirs et tous les problèmes des hommes. J'ignorais à coup sûr encore que ni les dieux, ni les bêtes ne vont au stade. Je ne savais rien des joies, ni des peines qu'il me donnerait tout au long de mon existence. Sans autre initiation qu'une de ces phrases d'adulte auxquelles les enfants n'entendent presque rien, je venais d'entrer sans le savoir dans un mystère auquel, pas plus que la mort, l'être, Dieu, l'amour, l'univers, la liberté, la musique, le sexe, le Moi ou l'Autre, je n'étais préparé. Ce mystère, c'est le football.

Comme le petit Albert, frêle prince des cages sacré roi universel des lettres, avec qui je partage la même tendresse ensoleillée pour l'Algérie et le même tremblement fébrile pour la philosophie, donc pour la mort, les mots et la beauté, je compris longtemps après qu'à mon tour, en un lieu du monde et de mon être que je ne saurais situer, à l'heure de devenir moi aussi « le premier homme » de l'attaque locale, « je venais de contracter une liaison qui allait durer des années ». Comme tous les mariages heureux, le match fut pluvieux : notre équipe sombra sous un océan de buts adverses que je me refuse à comptabiliser, mais que j'ai cessé de dénier et dont je parviens même à sourire aujourd'hui. Seule compte l'aventure qui venait de s'ouvrir alors par des émotions de gosse qui ne me quitteraient plus jamais. On est du football comme d'un pays, pour peu qu'on franchisse la frontière de son mystère sans passeport dialectique. Cet amour-ci au moins ne me ferait jamais faux bond et, à aucun prix, je ne chercherais à en découvrir les raisons.

REMERCIEMENTS

Aux parties de foot du dimanche matin avec Rocco et mes frères, à ma tante Isabelle qui faisait bouillir l'eau de la *pasta* deux heures avant le match, à ma mère qui, comme tant d'autres, faisait tourner des machines gorgées de sable et de terre trois fois par semaine, à Charles Igier, *alias* « Charlot », avec son sourire de porcelaine à la buvette et ses cornets de frites enchantés que je n'oublierai jamais, à ceux qui m'ont accompagné, entraîné, sélectionné, donné le brassard de capitaine, aux champions et aux illustrés qui ont ébloui ma jeunesse, à mes coéquipiers de fortune et de club, à tous ceux qui m'ont servi des « caviars » que j'ai parfois mis au fond des filets, souvent offerts au gardien des bois et presque toujours expédiés hors de la cage, j'exprime ma gratitude pour ce qu'ils ont partagé avec moi d'une passion inclassable, les jours de match, les veilles de tournoi, les soirs d'entraînement, au stade et en tribune, entre les lignes des terrains, sur les trottoirs, à la plage, au bord des routes, dans la cour des écoles, à la récréation puis à l'étude, entre les arbres ou les blousons, contre les murs, au seuil des portes, sous les arcades et à travers les porches, dans la rue, sur un parking, entre les voitures, sous les marronniers de la route nationale, dans un couloir, au square du quartier, en bas de la maison et dans une chambre étroite, dans le creux de nos conversations et au fond de nos petites têtes rondes comme qui sait quoi – autant de lieux où s'élargissaient nos discours et se peaufinaient nos méthodes.

Merci à mon amie Stéphanie Ronchewski pour sa passe de lecture décisive, à mon complice de ballon rond, de *bel canto* et de grand écran Bertrand Murcier pour sa lecture attentive et toujours pertinante, à tous les auteurs et autres spécialistes de la chose footballistique qui m'ont généreusement offert leurs lumières personnelles et leurs données savantes, à Bernard Chambaz pour m'avoir permis de réaliser un rêve de gosse en m'entrouvrant la porte du vestiaire de l'équipe de France des écrivains sportifs, et à mon éditrice, Caroline Noirot, pour sa confiance offerte sur-le-champ comme une transversale vers moi-même.

BIBLIOGRAPHIE

Aristote, *Éthique à Nicomaque*, in *Œuvres complètes*, sous la direction de Pierre Pellegrin, Paris, Flammarion, 2014.

Arthus, Hubert, *Galaxie foot. Dictionnaire historique, rock et politique du football*, édition revue et augmentée, Paris, Seuil, « Points », 2014.

Axelos, Kostas, *Le Jeu du monde*, Paris, Minuit, 1969.

Balmand, Pascal, « Les écrivains et le football en France (une anthologie) », *Vingtième Siècle*, n° 26, avril-juin 1990.

Barbier, Joachim, *Ce pays qui n'aime pas le foot. Pourquoi la France appréhende mal le football et sa culture*, Paris, Hugo Sport, 2012.

Boli, Claude, *Football. Le triomphe du ballon rond*, Paris, Les Quatre Chemins, 2008.

Bonnefoy, Yves, *Entretiens sur la poésie*, Paris, Gallimard, « NRF », 1992.

Bray, Ken, *Comment marquer un but. Les lois secrètes du football*, Paris, JC Lattès, 2006.

Bredekamp, Horst, *La Naissance du football. Une histoire du Calcio* (1993), traduit de l'allemand par N. Casanova, Paris/New-York/Amsterdam, Diderot, 1995.

Bromberger Christian, *Football. La bagatelle la plus sérieuse du monde*, Paris, Bayard, 1998.

Bromberger, Christian, avec la collaboration d'Alain Hayot et de Jean-Marc Mariottini, *Le Match de football. Ethnologie d'une passion partisane à Marseille, Naples et Turin*, Paris, éditions de la Maison des sciences de l'homme, 2012 (1995).

Buytendijk F. J. J., *Le football. Une étude psychologique*, Paris, Desclée de Brower, « Textes et études philosophiques », 1952.

Correia, Mickaël, *Une histoire populaire du football*, Paris, La Découverte, 2018.

Coubertin, Pierre de, « Napoléon et le football » ; « La royauté du football » ; « La supériorité du football », in *Revue universitaire*, 1882, repris dans *Œuvres*, Paris, Weidman, 1986.

Caillois, Roger, *Les Jeux et les Hommes. Le masque et le vertige*, Paris, Gallimard, « Folio Essais », n° 184, 1967 (1958).

Chambaz, Bernard, *Petite Philosophie du ballon*, Paris, Flammarion, « Champs », 2018.

Chateaubriand, François-René de, *Génie du christianisme*, édition et commentaires de P. Reboul, Paris, Garnier-Flammarion, 2006.

Cioran, Emile, *La tentation d'exister*, Paris, Gallimard, « Tel », 1986.

Delbourg, Patrick, et Heimermann, Benoît, *Plumes et crampons. Football et littérature*, Paris, La Table ronde, 2006 (Stock, 1998).

Dietschy, Paul, *Histoire du football*, nouvelle édition revue et augmentée, Paris, Tempus, 2014.

Duras, Marguerite, « Entretien avec Michel Platini », *Libération*, édition des 14-15 décembre 1987.

Enquist, Per Olov, *Écrits sur le sport*, traduit du suédois par Marc de Gouvernain et Lena Grumbach, Paris, Actes Sud, 1998.

Evrard, Franck, *Dictionnaire passionné du football*, Paris, PUF, 2006.

Fink, Eugen, *Le Jeu comme symbole du monde*, traduit de l'allemand par Hans et Alex Lindenberg, Paris, Minuit, « Arguments », 1966.

Gadamer, Hans Georg, *Vérité et Méthode. Les grandes lignes de l'herméneutique philosophique*, édition intégrale revue et complétée par Pierre Fruchon, Jean Grondin et Gilbert Merlio, Paris, Seuil, 1996 (1976).

Galilei, Galileo, *L'Essayeur*, traduit de l'italien par Paul-Henri Michel, Paris, Hermann, 1966.

Gracian, Baltasar, *L'Art de vivre avec élégance. Cent maximes de* L'Homme de cour, Paris, Gallimard, « Folio sagesses », n° 6711, 2014.

Guez, Olivier, *Éloge de l'esquive*, Paris, Grasset, 2015.

Handke, Peter, *L'Angoisse du gardien de but au moment du penalty*, Paris, Gallimard, « Folio », n° 1407, 1993.

Jankélévitch, Vladimir, *Debussy et les mystères de l'instant*, Paris, Plon, 2019 (1976).

Le Je-ne-sais-quoi et le Presque-rien, 3 volumes, Paris, Seuil, « Points », 1980.

La mort, Paris, Flammarion, « Champs », 1977.

Quelque part dans l'inachevé, entretiens avec Béatrice Berlowitz, Paris, Gallimard, NRF, 1978.

Philosophie morale, Paris, Flammarion, « Mille et une pages », 1998.

Numéro spécial *Jankélévitch*, revue L'ARC, Duponchelle, 1990.

Kierkegaard, Soëren, *Œuvres complètes*, traduites du danois par P.-H. Tisseau et E.-M. Jacquet-Tisseau, Paris, De l'Orante, 1970.

Leclaire, Jean-Philippe, *Platoche. Gloire et déboires d'un héros français*, Paris, Flammarion, 2016.

Le Goût du football, recueil de textes, Mercure de France, 2006.

Lévi-Strauss, Claude, *Mythologiques*, volume IV, « L'homme nu », Paris, Plon, 2009 (1971).

Marc-Aurèle, *Pensées pour moi-même*, traduction de Mario Meunier, Paris, Flammarion, « GF-poche », 1999.

Marcel, Gabriel, *Le Mystère de l'être*, 2 volumes, Paris, Aubier, 1951.

Journal métaphysique, Paris, Gallimard, 1927.

Être et avoir, Paris, Aubier, 1935.

Merleau-Ponty, Maurice, *La structure du comportement*, Paris, PUF, « Quadrige », 2013 (1942).

Meyer, Bruno, *Dictionnaire du football. Le ballon rond dans tous ses états*, préface de Lilian Thuram, Paris, Honoré Champion, 2012.

Monsacré, Hélène (dir.), *Tout Homère*, Paris, Albin-Michel/Les Belles Lettres, 2019.

Montherlant, Henry de, *Les Olympiques* (*La leçon de football dans un parc ; Sur des souliers de foot ; Football scolaire ou pas de passe à un homme marqué ; Un ailier est un enfant perdu*), Paris, Gallimard, 1954.

Montmollin (de), Isabelle, *La Philosophie de Vladimir Jankélévitch*, Paris, PUF, « Philosophie d'aujourd'hui », 2000.

Moreau, Denis et Taranto, Pascal, *Activités physiques et exercices spirituels. Essais de philosophie du sport*, Paris, Vrin, 2016.

Murray, B., *Football. A history of the World Game*, Scholar Press, Aldershot, 1994.

Pasolini, Pier-Paolo, *Quando giocavo* (« Allo stadio la passione non cambia », « Reportage sul dio », *Il Giorno*), Limina, 1996 (en italien).

Perryman, Mark, *Philosophy football*, Penguin Books, 1997.

Platini, Michel, avec Jérôme Jessel, *Entre nous*, Paris, Éditions de l'Observatoire, 2019.

Platon, *Lachès*, in *Œuvres complètes*, sous la direction de Luc Brisson, Paris, Flammarion, 2011.

Pradeau, Jean-François, *Dans les tribunes. Éloge du supporter*, Paris, Les Belles Lettres, 2010.

Rancière, Jacques, *Le Maître ignorant. Cinq leçons sur l'émancipation intellectuelle*, Paris, Fayard, 1981.

Rilke, Rainer Maria, *Élégies de Duino. Sonnets à Orphée*, présentation de Gérald Stieg, traductions de Jean-Pierre Lefèbvre et de Maurice Régnaut, édition bilingue, Paris, Gallimard, « Poésies », 1994.

Robrieux, Philippe, « Le plus grand des arts populaires », in *L'Amour foot*, Paris, Autrement, 1986.

Ruby, Christian, *Devenir spectateur ? Invention et mutation du public culturel*, Toulouse, Éditions de l'Attribut, 2017.

Sansot, Pierre, « Le football des trottoirs », dans *Les Gens de peu*, Paris, PUF, 1991.

Textes sportifs de l'Antiquité, Paris, Grasset, 1927.

Schopenhauer, Arthur, *Le Monde comme volonté et comme représentation*, préface de Clément Rosset, traduction de l'allemand par A. Burdeau, revue par Richard Roos, Paris, PUF, « Quadrige », 2014.

Summer, Alfred, *Les Règles du football*, avec 250 illustrations en couleurs, traduction de M.-H. Bibault, Chantecler, 1982 (Verlag, 1981).

Valabrega, Jean-Pierre, *Phantasme, mythe, corps et sens. Une théorie psychanalytique de la connaissance*, Paris, Payot, « Sciences de l'homme », 1992 (1980).

Vargas, Yves, *Sport et philosophie*, Paris, Le Temps des Cerises, 2015.

Venaille, Franck, « Mystique », in *L'Amour foot*, Paris, Autrement, 1986.

Wahl, Alfred, *Archives du football (1880-1980)*, Paris, Gallimard, « Archives », 1989.

La balle au pied. Histoire du football, Paris, Gallimard, « Découvertes », 2006 (1990).

« Le football, sport du siècle », *Vingtième Siècle*, n° 26, avril-juin 1990.

Wesson, John, *La Science du football*, Paris, Belin-Pour la science, « Regards sur la science », 2004.

Winnicott, D. W., *Jeu et réalité*, traduit de l'anglais par Claude Monod et J.-B. Pontalis, Paris, Gallimard, « Folio essais », n° 398, 1975 (1971).

Yonnet, Paul, *Huit Leçons sur le sport*, Paris, Gallimard, 2004.

Système des sports, Paris, Gallimard, 1998.

Sites Internet
www.wearefoot.football.org
sofoot.com
francefootball.com

TABLE

Ce volume,
publié aux Éditions Les Belles Lettres
a été achevé d'imprimer
en mars 2020
sur les presses de
la Manufacture Imprimeur
52200 Langres

Composition et mise en pages : Flexedo (info@flexedo.com)

N° d'éditeur : 9598
N° d'imprimeur : 200302
Dépôt légal : avril 2020
Imprimé en France